DANIEL KOLENDA

VENHA O TEU REINO

LIBERANDO MILAGRES
POR MEIO DA FÉ E DA ORAÇÃO

1ª Edição

Diretor:
Lester Bello

Autor:
Daniel Kolenda

Tradução:
Marta Mendes R dos Anjos

Revisão da Língua Portuguesa:
Helena Melazzo

Diagramação:
Página Nova Editorial

Design da capa:
Fernando Rezende

Fotografia:
Oleksandr Volyk, Rob Birkbeck

Impressão e Acabamento:
Viena Gráfica e Editora

Av. Silviano Brandão, 1702 - Horto
Cep: 31015-015 - Belo Horizonte
MG/Brasil - Tel.: (31) 3524-7700
contato@bellopublicacoes.com
www.bellopublicacoes.com

Copyright © Cfan 2011
Publicado pela Bello Comércio
e Publicações. Ltda - ME.

1ª Edição - Maio 2014
Reimpressão - Janeiro 2015

Todos os direitos reservados pela CfaN Latin America - Curitiba/Paraná - Brasil - CEP 80420-982
Caixa Postal 25518 - Tel: (41) 3243-7600 - FAX: (41) 3243-0076 - **Visite:** www.bonnke.com.br

---

K81

Kolenda, Daniel
 Venha o teu reino: liberando milagres por meio da fé e da oração / Daniel Kolenda; tradução de Marta Mendes R. dos Anjos. – Belo Horizonte: Bello Publicações, 2015.

 160 p.
 Título original: Your kingdom come
 ISBN: 978-85-8321-009-2
 1. Fé cristã. 2. Oração. I. Título.

CDD: 234.2   CDU: 230.112

Elaborada por: Maria Aparecida Costa Duarte - CRB/6-1047

Todos os direitos reservados. Nenhuma parte desta publicação poderá ser reproduzida ou transmitida de qualquer forma ou por qualquer meio, eletrônico ou mecânico, incluindo fotocópia, gravação ou qualquer registro informático, sem autorização escrita do autor e do editor.

Salvo nos casos onde há outra indicação, todas as citações bíblicas são tiradas da Versão Revista e Atualizada. Citações bíblicas marcadas com as letras NVI são tiradas da Nova Versão Internacional.

Índice

	Dedicatória	7
	Introdução	9
1	Incomoda-nos, Senhor!	13
2	A Oração que Abre Portas	23
3	A Oração Faz a Diferença	33
4	A Oração que Liberta	51
5	Orando Sob um Céu Aberto	65
6	A Oração que Traz o Céu à Terra	81
7	A Oração que Libera o Miraculoso	99
8	Orando com Confiança	115
9	Pregação e Oração – Uma Parceria Feita no Céu	129
	Notas	135

Dedicatória

*Dedicado a todos os parceiros do ministério **Cristo para todas as Nações**, em todo o mundo, que fielmente bombardeiam o céu, em oração, em favor da nossa equipe.*

Introdução

Os anos passados com o Mestre ensinaram aos discípulos algo importante sobre Jesus: Ele era um homem de oração. Fosse no meio do dia ou no meio de uma conversa, era um comportamento comum para Jesus afastar-se para um lugar tranquilo, onde Ele pudesse ter comunhão ininterrupta com o Pai. Jesus amava Seus discípulos, amava as multidões, e amava momentos de comunhão e ministração; todavia, nada era mais importante para Ele do que Sua relação com o Pai.

Sabemos que a oração era uma prioridade para Jesus, porque Ele sabia que o aluno imita o que o mestre pratica. E quando os discípulos vieram a Jesus e apresentaram-Lhe seu pedido, eles não disseram: "Senhor, ensina-nos a pregar." Tampouco disseram: "Senhor, ensina-nos a expulsar demônios." Não; eles simplesmente disseram: "Senhor, ensina-nos a **orar**." Alguns poderiam ter perguntado: "Jesus, qual é o segredo do Seu ministério?" Mas os discípulos já sabiam e, por isso, dentro deles cresceu um ardente desejo de entender um pouco mais a respeito desse segredo: "Senhor", disseram eles, "ensina-nos a orar".

Este segredo do ministério de Jesus também caracterizou a vida de grandes homens e mulheres de Deus, ao longo da história, os quais descobriram o incrível poder da oração. John Wesley disse: "Deus não faz nada a não ser em resposta à oração do justo."[1] O grande missionário pioneiro Adoniram Judson era conhecido por afastar-se de sua família e amigos, sete vezes por dia, para ficar sozinho, em oração.[2] David Brainerd escreveu certa vez: "Gosto de ficar sozinho em minha casa, onde posso passar muito tempo em oração."[3] John Hyde foi missionário na Índia, e ficou conhecido como "o homem que orava", por causa de sua notável vida de oração. Quando ele começou a ter problemas de saúde, procurou um médico em Calcutá, o qual fez uma descoberta surpreendente: O coração de John "Orador" havia mudado de posição em seu peito como resultado de anos de angustiante intercessão.[4] E a lista poderia ir longe.

Pode causar um grande choque em muitos cristãos saber que existe alguma coisa a se aprender sobre oração. Alguns podem pensar que oração é simplesmente conversar com um homem invisível. Eles pensam que sabem tudo o que há para se saber sobre o assunto, da mesma maneira que um homem pode pensar que sabe tudo sobre o Atlântico, só por ter molhado o dedão do pé na espuma das ondas!

Os discípulos de Jesus eram judeus fiéis; , todos os dias eles observavam rigorosamente a lei. E, assim, a oração era algo que eles vinham praticando continuamente, desde a infância.

Introdução

Todavia, depois de observarem a vida devotada de Jesus, reconheceram que havia uma profundeza tal na oração do Mestre que eles nunca tinham experimentado, e que ainda havia muito a ser aprendido. Por isso, o pedido: "Senhor, ensina-nos a orar. Ensina-nos a não simplesmente recitar palavras memorizadas ou cumprir um dever religioso. Ensina-nos a tocar o céu e a abalar a terra. Ensina-nos a ser fervorosos e eficazes, a mover montanhas, a quebrar cadeias, a expulsar demônios, a curar os doentes, a ressuscitar os mortos, a impactar cidades e nações, a mudar o curso da história e a trazer o céu até a terra. Ensina-nos a orar de verdade; a realmente **orar**!"

Sou um evangelista que trabalha pelas almas na linha de frente da batalha, em alguns dos locais mais difíceis, perigosos e remotos da Terra. Este livro não vem de uma escrivaninha de mármore, mas das trincheiras empoeiradas onde vidas estão em jogo. Para nós, a oração não é um luxo ou um acessório – é uma questão de sobrevivência. O profeta Jeremias falou de um dia terrível que esta se aproximando rapidamente, quando multidões de almas perdidas irão declarar com eterno arrependimento: *"Passou a sega, findou o verão, e nós não estamos salvos"* (Jr 8.20). À medida que o relógio vai seguindo em sua contagem regressiva em direção às últimas horas antes do fim dos tempos, continua sendo o desesperador desejo do coração de Deus *"que nenhum pereça, senão que todos cheguem ao arrependimento"* (2 Pe 2.9), e que essa verdade nos motive a ir por todo o mundo, pregando o Seu evangelho.

Embora a ênfase principal do meu ministério seja o evangelismo, escrevi este livro porque existe uma urgência cada vez maior, bem como uma consciência crescente em meu espírito de que Deus deseja levantar um poderoso exército de intercessores na terra, nestes últimos dias. O desejo ardente no coração de Deus é espalhar a chama da oração revolucionária, a qual vai incendiar o mundo.

Também creio que o movimento da oração e o movimento de evangelismo em massa, que surgiram quase que independentemente um do outro, devem se unir, se quisermos cumprir o propósito que Deus tem para nós.

Sem intercessão cobrindo o trabalho dos evangelistas, eles não terão a energia necessária em seus motores para realizarem a colheita desta safra gigantesca, que já esta madura e pronta. Por outro lado, sem evangelismo e um impacto verdadeiro neste mundo, a intercessão não tem propósito e nem valor. Todavia, juntos eles são uma combinação dinâmica e revolucionária, e que tem o potencial de mudar o mundo!

Este livro é para aqueles que desejam juntar-se a esta revolução de oração, fazendo uma parceria com Deus e Seus propósitos. Esse movimento começa com os discípulos de Jesus – você e eu – sentados aos pés do Mestre na Escola de Oração. E começa com um simples pedido: "Senhor, ensina-nos a **orar**"!

1

Incomoda-nos, Senhor!

"Sede sóbrios e vigilantes. O diabo, vosso adversário, anda em derredor, como leão que ruge procurando alguém para devorar."

1 Pedro 5.8

Incomoda-nos, Senhor!

A batida na porta parecia sacudir toda a casa, pouco antes de os pés de um impaciente soldado romano arrancarem o portal de suas dobradiças. Pedro ainda estava na cama, meio dormindo, quando os guardas o agarraram e o arrastaram para fora, para as ruas poeirentas de Jerusalém, onde uma carroça-prisão o aguardava. Resumindo, eles o empurraram para dentro daquela carroça lotada, reforçada com barras de ferro e ali, na fraca luz do amanhecer, Pedro reconheceu os rostos cansados de seus companheiros, que também haviam sido presos. Eram seus amigos André, Tiago, João, Filipe, Tomé, Mateus, Tiago (filho de Alfeu), Tadeu, Simão, Matias, e Bartolomeu; os outros apóstolos do Cordeiro e fundadores da Igreja.

O sumo sacerdote estava exercendo o seu poder político e havia ordenado que esses discípulos de Jesus fossem levados como criminosos comuns, para serem encarcerados em uma prisão igualmente comum. Porém, juntamente com a noite, veio também um milagre extraordinário. Atos 5.19, diz: *"Mas, de noite, um anjo do Senhor abriu as portas do cárcere e, conduzindo-os para fora, lhes disse: Ide..."* Que libertação gloriosa! Que testemunho incrível!

Mais uma vez Deus demonstrou o Seu poder. Estes primeiros seguidores de Jesus devem ter se sentido invencíveis.

Um Inimigo Mortal

Acredito que o que aconteceu em seguida seja bem típico da natureza humana. Parece que no meio dessas grandes vitórias, uma sonolenta nuvem de complacência enfraqueceu o sentido espiritual de alguns dos crentes.

Em Atos 12, lemos que a perseguição contra a Igreja continuou. Porém, desta vez foi Herodes quem a iniciou e, em vez de prender todos os apóstolos de uma só vez, ele começou com apenas um – Tiago, o irmão de João. Porém, todos achavam que Tiago estaria bem; afinal de contas, Deus já tinha livrado os apóstolos da prisão uma vez, certamente Ele o faria de novo... não faria? Não lemos que tenha havido alguma reunião de oração, alguma vigília, alguma intercessão. Tudo estava bem e ninguém se preocupou, até que a tranquilidade foi interrompida e a Igreja ficou devastada com uma terrível notícia: Tiago tinha sido morto, executado por ordens do governante ímpio.

A complacência é um dos inimigos mais perigosos do crente, porque é muito fácil cair. E, como um sonho, é muito difícil de detectarmos antes de sermos acordados abruptamente. Sabemos que Deus é maravilhoso e fiel a nós em Sua misericórdia; entretanto, é fácil nos acomodarmos por causa de tudo o que Ele já fez e confundirmos presunção com fé.

Alguém disse certa vez: "A complacência é uma praga que esgota as energias, entorpece as atitudes, e provoca um esvaziamento do cérebro. O primeiro sintoma é a satisfação com as coisas como elas são. O segundo é a rejeição das coisas tal como elas deveriam ser. 'Bom o suficiente' torna-se a palavra de ordem para hoje e o padrão de amanhã. A complacência faz com que as pessoas temam o desconhecido, desconfiem do que não experimentaram e abominem o novo. Como a água, as pessoas complacentes seguem o caminho mais fácil – morro a baixo. Ao olharem para trás, elas adquirem uma força enganosa."[5]

> A complacência é inimiga da vitória e aliada da derrota.

A complacência tem o mesmo efeito, quer seja nas nações, nos indivíduos, nas famílias, nas empresas; ela é inimiga da vitória e aliada da derrota. Em nenhuma outra área a complacência é tão letal como na vida de oração – especialmente quando tudo esta indo bem.

Dependência Completa

Eu devo ter orado por semanas antes de pregar o meu primeiro sermão, aos 14 anos de idade. Supliquei pela ajuda de Deus e implorei Suas bênçãos, na certeza de que, sem isso, eu seria um completo fracasso. Hoje, frequentemente prego mais de doze vezes em uma única semana; já não fico mais nervoso, mesmo quando estou pregando para uma multidão de centenas de milhares. E é aqui que mora o perigo. Embora eu me sinta à vontade e confiante atrás do púlpito, devo sempre me lembrar de que meu senso de segurança é apenas uma ilusão. Eu poderia pregar o sermão mais bem elaborado de toda a minha vida e com a mais extraordinária aceitação; entretanto, eu ainda seria um completo fracasso sem a bênção do Senhor.

Descobri que quanto mais seguros nos sentimos, mais perigo corremos, porque é no conforto que podemos tão facilmente esquecer nossa completa necessidade de Deus. É por isso que, antes de me levantar para pregar, faço a oração que costumava ser pronunciada nas salas de aula na América, antes que a prosperidade a tornasse apática com relação Àquele que a encheu de bênçãos: "Deus, Todo-poderoso, reconheço a minha absoluta dependência de Ti e peço a Tua bênção." É esta consciência da nossa total dependência de Deus que nos fará diligentes na oração. Se você não tem essa consciência em sua vida, provavelmente esteja perambulando através dos grandes perigos da complacência.

> *"Desperta, ó tu que dormes, levanta-te dentre os mortos e Cristo resplandecerá sobre ti."*
>
> (Ef 5.14 – NVI)

Em Amós 6.1, o profeta declara: *"Ai dos que andam à vontade em Sião e dos que vivem sem receio no monte de Samaria..."* Os filhos de Israel tinham se tornado apáticos em sua prosperidade e conforto. Eles haviam perdido seu senso de urgência e não estavam preocupados com as coisas de Deus. Todavia, a sua segurança aparente era apenas mito. A misericórdia de Deus, que havia impedido os desastres, estava no limite; e no versículo 7, Deus declara que a festa acabou! *"Portanto, agora ireis em cativeiro entre os primeiros que forem levados cativos, e cessarão as pândegas dos espreguiçadores."* Somente depois que o desastre aconteceu, e o país viu-se nas cadeias do cativeiro, foi que o povo voltou-se novamente para o Senhor.

Que Deus nos livre de que Ele tenha de nos arrancar de nossa complacência, por intermédio da tragédia ou do desastre. Muito melhor será permanecermos vigilantes na oração, reconhecendo que, mesmo nos tempos bons, "o diabo, vosso adversário, anda em derredor, como leão que ruge procurando alguém para devorar" (1 Pe 5.8).

Em 1577, Sir Francis Drake escreveu:

Incomoda-nos, ó Senhor,
Quando estivermos satisfeitos
demais com nós mesmos;
Quando nossos sonhos se tornarem realidade,
Por termos sonhado muito pouco;
Quando chegarmos em segurança,
Por termos navegado muito perto da costa.

Incomoda-nos, Senhor,
Quando por causa da abundância das coisas
que possuímos,
Perdemos a sede pelas águas da vida;
E por nos apaixonar pela vida,
Deixamos de sonhar com a eternidade;
E em nossos esforços para construir
uma nova terra,
Permitimos que a nossa visão de um
novo céu enfraqueça.[6]

Todos parecem desejar "reavivamento", pensando ser uma experiência agradável e divertida. Porém, ser reavivado significa ser sacudido de um estado de sonolência, arrancado de uma complacência apática, para ficar em prontidão, desperto, assustado. Muitas igrejas, ao orarem por reavivamento, penduram na porta uma placa de "Não perturbe". Entretanto, digo que reavivamento que se encaixa muito perfeitamente em nosso esquema não é reavivamento de jeito nenhum! Então, talvez no lugar de orar por reavivamento, devêssemos orar como Sir Francis Drake: "Incomoda-nos, Senhor!". Uma oração poderosa começa onde termina a complacência.

> Muitas igrejas, ao orarem por reavivamento, penduram na porta uma placa de "Não perturbe".

"Assim, pois, não durmamos como os demais; pelo contrário, vigiemos e sejamos sóbrios."

(1 Ts 5.6)

2

A Oração que Abre Portas

"Muito pode, por sua eficácia, a súplica do justo."

Tiago 5.16

A Oração que Abre Portas

Quanto Tiago foi assassinado, o contingente religioso judeu de Herodes ficou exultante com essa sua iniciativa, e o aplaudiu. Então, de repente ele viu nisso uma maneira fácil de ganhar o favor de um grupo que sempre lhe tinha feito uma certa oposição. Atos 12.3, diz: *"Vendo* [Herodes] *ser isto agradável aos judeus, prosseguiu, prendendo também a Pedro."*

Desta vez, porém, as coisas seriam muito diferentes. A tragédia da morte de Tiago havia sacudido os crentes profundamente; por isso, todos os compromissos sociais foram cancelados – o momento era de oração. As Escrituras têm o cuidado de começar o relato da história de Pedro com a seguinte declaração: *"... havia oração incessante a Deus por parte da Igreja a favor dele* [Pedro]" (At 12.5). Esta declaração é muito significativa porque o escritor de Atos esta tentando nos mostrar que a milagrosa libertação que viria a seguir era um resultado direto dessas orações fervorosas e persistentes, oferecidas pelos crentes.

Aquela era a última noite da semana da Páscoa e Pedro se encontrava acorrentado entre dois soldados bem pouco amistosos. Essa era para ser a sua última noite na Terra, pois ao amanhecer ele seria executado da mesma maneira que Tiago havia sido, há apenas alguns dias. Entretanto a Bíblia diz que *"repentinamente"* apareceu um anjo do Senhor, e uma luz brilhou na cela, iluminando aquela prisão sombria. Ele tocou no lado de Pedro, e lhe disse: *"Depressa, levante-se!"* Encontramos um fato interessante nesta passagem de Atos 12.7 (NVI). Ela registra que as cadeias de Pedro *"caíram dos punhos"*! Note que não esta escrito que o anjo tenha "quebrado" as correntes das mãos de Pedro, mas simplesmente que elas caíram.

O anjo disse a Pedro: *"Ponha a capa e siga-me."* Então eles passaram pela primeira guardas e não foram percebidos. Depois, passaram pela segunda, e esta também parecia completamente alheia à fuga. Em seguida, eles se aproximaram da barreira mais perigosa de todas – um enorme portão de ferro que separava a prisão da rua. Este portão fora projetado para proteger o mundo lá fora dos perigosos criminosos ali confinados. Era um obstáculo que parecia totalmente intransponível, mas Pedro não estava nem um pouco preocupado – afinal de contas, ele achava que tudo isso não passava de um sonho.

Vamos perceber que o versículo 10 diz que quando *"chegaram ao portão de ferro que dava para a cidade, este se abriu por si mesmo para eles, e passaram. Tendo saído, caminharam ao longo de uma rua..."* Só então é que o anjo desapareceu e, de repente, Pedro percebeu que aquilo não era uma visão; ele estava realmente livre da prisão!

A Mão Invisível

Será que você consegue ver o tema que esta surgindo aqui? Na história, cada obstáculo, cada barreira, e cada obstrução é completamente impotente. As correntes caíram das mãos de Pedro, os guardas não puderam vê-lo escapar e, finalmente, o portão de ferro se abriu. E a parte mais surpreendente é que tudo isso parece ter acontecido quase que por si só. Apesar de um poderoso anjo ter sido enviado para escoltar Pedro para fora da prisão, este anjo não tocou nas correntes, nos guardas, e nem mesmo nas portas – parece que ficaram impactados pela ação de uma mão invisível.

Vemos muito claramente, a partir do que esta enfatizado no versículo 5, que foi por causa das orações dos santos que tudo isso aconteceu. *"... a igreja orava intensamente a Deus por ele."* A oração fervorosa dos crentes foi o poder que soltou as cadeias, removeu os obstáculos, e abriu até mesmo o portão mais intransponível.

Foi a Pedro que Jesus disse: *"Dar-te-ei as chaves do reino dos céus; o que ligares na terra terá sido ligado nos céus; e o que desligares na terra terá sido desligado nos céus"* (Mt 16.19).

Ah, meus amigos, se tivéssemos pelo menos uma ideia do incrível poder que nos esta disponível por intermédio da oração, acredito que acharíamos muito fácil atendermos às palavras de Paulo, quando disse: *"Orai sem cessar"* (1 Ts 5.17).

A Intercessão É Para os Homens

Nossas orações são o meio que Deus escolheu para impactar o mundo. Certa vez, John Wesley disse o seguinte: "Deus não faz nada sobre a Terra a não ser em resposta à oração do justo." A intercessão é um privilégio que pertence exclusivamente ao homem. Nenhum anjo pode interceder em nosso favor, tampouco intervir nos assuntos terrenos, de acordo com sua própria vontade. Deus deu ao homem não só a autoridade, mas também a responsabilidade de influenciar os acontecimentos aqui na Terra, para a Sua glória.

> A intercessão é um privilégio que pertence exclusivamente ao homem.

Intercessão é uma função tão importante que a Bíblia nos diz que, neste momento presente, é o papel do próprio Jesus – Ele esta intercedendo por nós continuamente. O ofício de intercessor só pode ser desempenhado pelo homem, e Jesus não é uma exceção à regra. Lembre-se de que Ele é hoje, e o será para sempre, não só plenamente Deus, mas também plenamente homem. Ficamos maravilhados só de pensar que, durante as incontáveis eras da eternidade, Jesus foi um ser divino, sem corpo físico, sendo parte da Divindade eterna, não criada. Então o Espírito Santo desceu sobre Maria e a engravidou com a semente que era Cristo. E a partir daquele momento e por toda a eternidade, Ele foi, continua sendo, e será para sempre, Deus/Homem.

> Deus deu ao homem não só a autoridade, mas também a responsabilidade de influenciar os acontecimentos aqui na Terra, para a Sua glória.

Em Lucas 22.69 Jesus diz: *"Desde agora, estará sentado o Filho do Homem à direita do Todo-poderoso Deus."* Agora Jesus esta glorificado; Ele esta sentado à direita do Pai. Ele é uma parte da Divindade – entretanto, Ele ainda é um homem. Na verdade, Ele ainda prefere identificar-se explicitamente como "o Filho do Homem".

As Escrituras deixam muito claro que seu corpo é um corpo **humano**, glorificado, que ainda carrega e sempre carregará as cicatrizes de sua experiência humana. Ele carrega as cicatrizes em Suas mãos, pés e lado como um anel de casamento que sempre nos lembrarão do Seu amor por nós. Tenho certeza de que Ele poderia ter se livrado dessas cicatrizes, para ter um corpo perfeito e sem mácula; mas, para Ele, essas marcas são seus traços mais prazerosos e Ele tem grande orgulho em mostrá-los. Quando Jesus veio a esta Terra, isso foi uma transição para sempre. Ele nunca mais será o mesmo de antes de Sua vinda.

Uma canção de Joan Osborne fez muito sucesso quando eu era adolescente. O refrão diz: "E se Deus fosse um de nós... apenas um estranho no ônibus tentando fazer seu caminho de casa?" O que Joan não entendeu é que Deus **era**, realmente, como um de nós. Ele experimentou as mesmas dificuldades, tentações e desconfortos que temos, e muito mais do que jamais poderemos entender. Ele era como nós. Todavia, o que é mais importante é o fato de que Ele **é** como nós. Ele escolheu se relacionar conosco em um nível mais íntimo possível, por toda a eternidade, e sua humani-dade é a credencial que o qualifica para ser um Sumo Sacerdote misericordioso e fiel nas coisas concernentes a Deus.

> A intercessão não é apenas privilégio de homem, mas também é nosso dever sagrado.

Se a intercessão é tão importante que o próprio Jesus Cristo fez disso Seu papel principal, o significado desse chamado parece bastante óbvio. A intercessão não é apenas privilégio de homem, mas também é nosso dever sagrado, e Jesus, como o *"primogênito entre muitos irmãos"* (Rm 8.29) é o nosso grande exemplo.

Oração Explosiva

Reinhard Bonnke disse certa vez: "O homem precisa de Deus, mas Deus também precisa de homem. Quando os dois se unem em prol dos propósitos do Senhor, tudo se torna possível." O acordo sobrenatural, por meio da fé, entre o Deus Todo-Poderoso e um homem ou uma mulher que sabe como orar, é mais poderoso que uma bomba termo-nuclear! Trata-se de uma parceria entre os céus e a Terra. E ela se realiza plenamente quando o povo de Deus aceita os propósitos divinos e ora para que eles se tornem realidade no plano terrestre. Essa verdade da Palavra de Deus – aliás, uma verdade pouco reconhecida – tem base no texto de Tiago 5.16, que diz: *"Muito pode, por sua eficácia, a súplica do justo"*. A versão da Bíblia Ampliada traz esse versículo assim: *"A oração fervorosa* [sincera, constante] *de um justo coloca à disposição do homem um tremendo poder* [que opera de forma dinâmica]". A palavra "poder" nesta passagem vem da palavra grega *dunamis* que, corretamente traduzida, significa poder, habilidade inerente, capacidade, habilidade para executar qualquer coisa. Esta palavra *dunamis* deriva da palavra da mesma raiz de onde vem a palavra "dinamite", um poderoso explosivo![7]

A Bíblia nos ensina que quando oramos, temos o potencial de acender a dinamite explosiva do céu em nossas circunstâncias e nos acontecimentos da Terra.

A oração feita com fé tem o poder de destruir as ciladas do diabo e preparar o caminho para a destruição de todas as barreiras que precisam ser quebradas, escancarar todos os portões, para que as bênçãos de Deus fluam livremente. Isso é poder! Sempre que há concordância entre duas ou mais pessoas que estão unidas pela fé, pedindo a Deus pela mesma coisa, o poder celeste *dunamis* que é liberado é tremendamente multiplicado!

> Enquanto o inimigo puder manter o povo de Deus convencido de que são impotentes contra as circunstâncias que enfrentam, o impacto deles na Terra será anêmico e de pouca influência.

Enquanto o inimigo puder manter o povo de Deus convencido de que são impotentes contra as circunstâncias que enfrentam, o impacto deles na Terra será anêmico e de pouca influência. Mas não é isso o que Deus tem em mente para o Seu povo. Existe mais; muito mais.

3

A Oração Faz a Diferença

Assim diz o Senhor:
Maldito o homem que confia no homem,
faz da carne
mortal o seu braço e aparta
o seu coração do Senhor!

Jeremias 17.5

A Oração que Faz Diferença

No início de Atos 12, antes de Lucas narrar em detalhes a história da libertação de Pedro da prisão, notamos que ele começa dizendo que Herodes tinha acabado de executar Tiago. Parece que ele esta definindo os dois eventos em justaposição um com o outro, sendo a oração a única diferença. E se a igreja tivesse orado por Tiago como havia orado por Pedro? Será que a história poderia ter terminado de forma diferente?

Será que a oração realmente faz diferença? Podemos mesmo alterar o resultado de situações e circunstâncias por meio dela? Alguém disse certa vez que a oração não muda as coisas, só muda a pessoa que esta orando;

> A oração é uma forma fundamental de parceria com Deus.

todavia, não é isso o que diz as Escrituras. A oração **muda** as situações, porque Deus nos fez Seus parceiros para o cumprimento dos Seus propósitos na terra. A oração é uma forma fundamental de parceria com Deus.

O profeta Elias é um grande exemplo deste princípio. Durante três anos e seis meses Israel foi atormentado pela fome, até que Deus prometeu ao profeta que Ele enviaria chuva.

> *"Muito tempo depois, veio a palavra do Senhor a Elias, no terceiro ano, dizendo:*
> *Vai, apresenta-te a Acabe,*
> *porque darei chuva sobre a terra."'*

(1 Rs 18.1)

Entretanto, no final deste mesmo capítulo em que a promessa foi feita, vemos Elias orando para que a promessa se cumprisse. Ele sentou-se no chão e pôs o rosto entre os joelhos. Depois, por sete vezes ele mandou seu servo ir olhar o céu, a procura de qualquer sinal de chuva; enquanto isso, Tiago 5.17 nos diz que ele *"orou com instância"*. Podemos nos perguntar por que Elias precisava orar, afinal, uma vez que Deus já havia prometido que iria enviar a resposta. Todavia, Elias entendeu que a promessa exigia uma parceria por meio da oração. Ah, quantas promessas existem para o filho de Deus que só se apossará delas completamente por intermédio da fé e da oração! Sim; a oração faz a diferença; ela tem o poder de mudar o mundo.

A Oração que Abre Portas

Colocando-se na brecha

Ezequiel 22.30,31, diz o seguinte: *"Busquei entre eles um homem que tapasse o muro e se colocasse na brecha perante mim, a favor desta terra, para que eu não a destruísse; mas a ninguém achei. Por isso, eu derramei sobre eles a minha indignação, com o fogo do meu furor os consumi; fiz cair-lhes sobre a cabeça o castigo do seu procedimento, diz o Senhor Deus."*

Esta passagem foi escrita em uma época em que os homens travavam suas batalhas cara a cara, espada contra espada, mão-a-mão. Existem muitas antigas lendas de pequenos grupos de homens e, em alguns casos, de um único homem, se colocando em pé em uma estreita passagem e impedindo um exército inteiro de passar, como na famosa história do solitário viking que levou todo o exército saxão a se deter em Stamford Bridge ou ainda a lenda do herói romano, Horacius, que resistiu ao exército etrusco e salvou Roma. Se durante uma batalha o inimigo abria uma brecha na muralha de uma cidade, um guerreiro consideraria seu momento de glória a oportunidade de se colocar naquele espaço estreito, enfrentar o inimigo e defender a cidade inteira atrás dele. Mas Deus diz, em Ezequiel 22.30, que quando Ele buscou um homem que se colocasse na brecha, ele não encontrou nenhum. Onde estavam os guerreiros? Onde estavam os intercessores? Quando abrem uma fenda na muralha, o que pode ser mais importante do que ficar na brecha?

O inimigo esta sempre trabalhando para penetrar as muralhas de nossa vida e invadir a Igreja de Jesus Cristo. Todos os dias vemos os efeitos desse ataque violento; um homem de Deus cai em pecado, uma família é destruída, a igreja é dividida, alguém fica doente, etc. No entanto, muitas vezes o povo de Deus fica à margem, assistindo à catástrofe e entusiasticamente participando de uma outra conversa. Mas Deus não esta nem um pouco satisfeito. Não fomos chamados para fofocas, mas para nos colocarmos na brecha, vigiar as fronteiras e defender a retaguarda! Nosso fracasso em "proteger as divisas e nos colocarmos na brecha" pode ter consequências terríveis. É por isso que a oração é uma questão tão séria. É uma questão de vida ou morte. E um homem ou uma mulher, estrategicamente posicionados na oração, pode ser usado por Deus para trazer poderosas vitórias para a Sua glória!

Para o Louvor e Glória de Deus

Vivemos em um mundo onde as necessidades materiais temporais muitas vezes podem parecer esmagadoras e eternas em nossa visão estreita da realidade. Entretanto, no grande esquema da eternidade, nossos problemas são realmente muito pequenos e insignificantes.

A Oração que Abre Portas

Pense nisto: se você olhar para fora da janela de um avião a 30 mil pés, em um dia claro, você verá como até mesmo as maiores e mais imponentes estruturas feitas pelo homem na Terra seria quase invisível e muito menos impressionante a essa altitude. Porém, na verdade, em termos de universo, ainda seria uma distância incrivelmente perto (pouco mais de 9 quilômetros de distância).

Olhando para as estrelas no céu, em uma noite clara, é simplesmente incrível pensar que a mais próxima (depois do Sol) esta a mais de 40 trilhões de quilômetros da Terra!

Enquanto isso soa como uma distância muito grande, completamente impossível para a nossa mente finita compreender, é realmente relativamente próximo – um pouco mais de quatro anos-luz de distância[8].

Compare isso com outras estrelas, conhecidas por estarem a mais de 80 mil anos-luz de distância, e pode haver mais de 400 bilhões delas – apenas dentro de nossa galáxia!

Se você se sente pequeno agora, segure o chapéu, pois existem **centenas de bilhões de galáxias** no universo, **o que abrange dezenas de bilhões de anos-luz!**

Então, apenas tente, por um momento, compreender o quão pequenos nós somos. Quando olhamos para a Terra, de uma altura de uns 30 mil pés, (nem mesmo um milésimo de segundo em relação aos anos-luz que usamos para medir o universo) os seres humanos nem podem ser vistos – e estamos falando aqui em termos de bilhões de anos-luz!

No contexto do universo, a Terra, em si, é menos que uma partícula infinitesimal microscópica de poeira e nós somos os seus micróbios.[9]

Entretanto, ainda existe mais, porque toda a vastidão insondável que compõe o nosso universo existe em um plano minúsculo de tempo e espaço, que conhecemos como o mundo físico. Isaías 57.15 diz que Deus habita a eternidade; um reino de possibilidades infinitas em que o nosso cosmos inteiro é apenas uma gota de água em um oceano sem fim.

Meu amigo, não importa o quão difícil o seu problema ou necessidade possa parecer agora, tenha certeza de que, na realidade, é apenas uma questão muito pequena e praticamente de valor insignificante. Por que o onipotente, onipresente e onisciente Deus eterno iria intervir em nossos assuntos de tamanha trivialidade? Porque Ele usa nossa vida como uma plataforma de onde Ele deseja receber louvor e glória. Desde o dia em que nascemos até o dia da nossa morte, nossa vida existe por uma única razão – glorificar a Deus.

A Oração que Faz Diferença

Por que os nossos problemas importam? Porque através deles Deus pode ser glorificado. É fácil nos tornarmos egoístas na oração, colocando o foco unicamente em nossas próprias necessidades e desejos. Todavia, em última análise, mesmo se somos beneficiados por causa de uma oração respondida, isso não tem nada a ver conosco – é tudo para a glória d'Ele! A filosofia desta era é o espírito do humanismo, o qual ensina que o fim principal de todo o ser é a felicidade do homem. Somos levados a acreditar que isto também se aplica ao nosso relacionamento com Deus, que Seu principal objetivo, Seu propósito maior seja nos fazer felizes, saudáveis, ricos; fazer tudo para o nosso conforto. Mas as Escrituras ensinam o contrário. Apocalipse 4.11, diz que fomos criados para agradar a Deus! Em Coríntios 6.20, esta escrito: "Porque fostes comprados por bom preço; glorificai, pois, a Deus no vosso corpo, e no vosso espírito, os quais pertencem a Deus" (Almeida Corrigida e Revisada Fiel).

Vamos pegar a cura divina como exemplo. Mesmo que uma pessoa seja curada milagrosamente, um dia irá morrer; daí alguém pode perguntar: "Então, qual o motivo da cura?" O verdadeiro propósito é para que Deus possa receber a glória e o louvor disso. Por esta razão, nossos problemas **são** importantes e têm um significado eterno, porque a glória de Deus é uma questão de importância eterna.

Em João 9.2, os discípulos perguntaram a Jesus sobre um homem que havia nascido cego, dizendo: *"Mestre, quem pecou, este ou seus pais, para que nascesse cego?"* E no versículo 3, Jesus respondeu: *"Nem ele pecou, nem seus pais; mas foi **para que se manifestem nele as obras de Deus.**"*

Os discípulos queriam saber se aquela situação tinha a ver com o homem cego, ou com os seus pais; mas Jesus deixou bem claro – não tinha nada a ver com nenhum deles. Tratava-se de trazer glória a Deus!

As Escrituras nos dizem sobre alguns livros que estão guardados no céu. Um deles é "O Livro da Vida", outro é um "livro de lembranças", um memorial (Ml 3.16). Há também outros livros mencionados em Apocalipse 20.12. Imagino que um dos livros de Deus deve ser um álbum de fotografias, contendo milhares de pequenos instantâneos de momentos da história humana. Creio que tem ali uma fotografia de Noé construindo a arca, outra do Todo-poderoso firmando Sua aliança com Abraão, outra de Jacó lutando com o Anjo do Senhor, outra de Moisés conduzindo os filhos de Israel para fora do Egito, outra de Pedro andando sobre as águas. Talvez haja até mesmo uma foto de algo que aconteceu em sua vida, caro leitor. Todas estas imagens são instantâneos de momentos no tempo, quando um homem ou uma mulher teve coragem de confiar em Deus. São momentos quando alguém decidiu obedecer ao Senhor mesmo quando não estava entendendo a situação; são instantâneos de momentos em que um servo de Deus foi fiel até a morte. São instantâneos de quando a força de Deus foi claramente manifesta em meio a uma fraqueza humana.

A Oração que Faz Diferença

Cem trilhões de anos após os elementos desta terra, abrasados, se terem derretido, e desaparecido para sempre tudo aquilo a que hoje chamamos de "realidade", então, nossos piores ou melhores momentos, nossas lutas e vitórias, nossas dores e prazeres nos parecerão apenas um sonho distante. Naquele dia, o único memorial do nosso mundo será os instantâneos no álbum de fotografias de Deus, e todas as fotos terão a mesma legenda: "Pa glória e o louvor de Deus". É isso o que realmente importa. Nossos sentimentos, emoções, vontades, desejos e prazeres são, em última análise, sem importância, quando comparados com a glória eterna de Deus. É por isso que oramos. É por isso que intercedemos; não apenas para que a nossa vida momentânea possa ser cheia das bênçãos de Deus, mas para que o Reino eterno de Deus possa crescer.

> É por isso que intercedemos; não apenas para que a nossa vida momentânea possa ser cheia das bênçãos de Deus, mas para que o Reino eterno de Deus possa crescer.

O Rei que Cavou Sua Própria Sepultura

Existe um antigo hino que diz o seguinte:

Oh! que paz perdemos sempre,
Oh! que dor no coração,
Só porque nós não levamos,
Tudo a Deus em oração.

É incrível como muitas pessoas preferem envolver Deus tão pouco em suas vidas. Quando se trata de decisões sobre negócios, família, carreira e outros assuntos mais importantes da vida, eles procuram buscar conselhos de pessoas mais qualificadas; todavia, nunca dobram o joelho diante do Rei do Universo, o qual esta desejoso por ajudá-los. Ele quer ser glorificado através de nossa vida; entretanto, muitas vezes nós o privamos desse direito.

E é mais do que apenas lamentável quando deixamos de consultar o Senhor. Quando roubamos o nosso Criador, Sustentador e Provedor do seu lugar de direito em nossa vida, isso é literalmente uma ofensa a Deus.

O livro de 2 Crônicas, no capítulo 16 e verso 9, traz o seguinte: *"Porque, quanto ao Senhor, seus olhos passam por toda a terra, para mostrar-se forte para com aqueles cujo coração é totalmente dele."*

A Oração que Faz Diferença

Este é um versículo frequentemente citado em várias situações; todavia, podemos ficar surpresos ao analisar o contexto desse verso e as circunstâncias fascinantes que o rodeiam. É tanto um *insight* quanto uma advertência para a nossa vida.

Baasa, rei de Israel, marchou com seu exército contra Judá e tentou matar de fome as pessoas dali, levantando um cerco contra eles em Ramá. Então Asa, o rei de Judá, *"tomou prata e ouro dos tesouros da Casa do Senhor e dos tesouros da casa do rei e enviou servos a Ben-Hadade, rei da Síria... dizendo: Haja aliança entre mim e ti... anula a tua aliança com Baasa, rei de Israel, para que se retire de mim"* (2 Cr 16.2,3).

Os sírios, cuja lealdade Asa tinha comprado com o ouro da casa do Senhor, desceram e resgataram o reino do sul das mãos de Baasa. Este parecia ser um final feliz, mas o Senhor não estava satisfeito. Deus queria ser o Defensor e o Libertador de Judá; todavia, o rei Asa deu essa oportunidade para os sírios. Da mesma forma que Asa havia tirado o ouro da casa do Senhor e dado a outro, ele também pegou a glória do Senhor e a entregou nas mãos de outro.

Então, Deus enviou um profeta chamado Hanani, ao rei Asa, com a seguinte mensagem: *"Por você ter pedido ajuda ao rei da Síria e não ao Senhor, ao seu Deus, o exército do rei da Síria escapou de suas mãos. Por acaso os etíopes e os líbios não eram um exército poderoso, com uma grande multidão de carros e cavalos? Contudo, quando você pediu ajuda ao Senhor, ele os entregou em suas mãos.* **Pois os olhos do Senhor estão atentos sobre toda a terra para fortalecer aqueles que lhe dedicam totalmente o coração. Nisso você cometeu uma** *loucura. De agora em diante terá que enfrentar guerras"* (2 Cr 16.7-9 – NVI).

Por causa do medo, Asa escolheu colocar sua confiança no rei da Síria e buscar a ajuda dele, em vez de no Senhor e, por isso, Deus se ofendeu. Como resultado disto, o Senhor permitiu que Asa recebesse aquilo que ele mais temia: *"De agora em diante terá que enfrentar guerras."* E por não ter buscado o Senhor, Asa na verdade trouxe sobre si exatamente o que ele estava tentando evitar. *"Melhor é buscar refúgio no Senhor do que confiar no homem. Melhor é buscar refúgio no Senhor do que confiar em príncipes"* (Sl 118.8,9).

Quantas vezes Deus se colocou ao nosso lado, pronto, disposto a nos ajudar, e com toda a capacitação para isso. Todavia, quase nunca nos voltamos para Ele ou lhe damos a oportunidade de intervir e dar glória ao Seu nome, por intermédio de nossas crises. Como resultado, muitas vezes temos perdido a paz e lutado sob o pesado fardo de cargas desnecessárias – tudo porque não consultamos o Senhor. E o que é pior, perdemos mais uma oportunidade para dar a glória a Deus.

A Oração que Faz Diferença

E o que é mais incrível é que Asa **comete o mesmo erro** apenas 3 versículos adiante:

> *"No trigésimo-nono ano do seu reinado, caiu Asa doente dos pés; a sua doença era em extremo grave; **contudo, na sua enfermidade não recorreu ao Senhor, mas confiou nos médicos**. Descansou Asa com seus pais; morreu no quadragésimo-primeiro ano do seu reinado"*

> (2 Cr 16.12,13).

Você consegue enxergar o padrão? O autor esta tentando transmitir uma moral muito importante por meio dessa história. Asa buscou ajuda em exércitos estrangeiros, em vez de no Senhor e, por causa disso, herdou guerra perpétua. Quando ele ficou doente, buscou a ajuda de médicos, em vez do socorro do Senhor, e, como resultado, herdou a morte. Deus desejava ajudar o rei Asa; Deus queria libertá-lo de seus inimigos e também queria curá-lo de sua doença. Todavia, por alguma estranha razão, como acontece a tantos de nós, Asa ignorou a Deus nas questões mais importantes de sua vida. Como resultado, ele selou seu próprio destino.

O último versículo do capítulo resume a vida de Asa de uma maneira quase desdenhosa: *"Sepultaram-no no túmulo **que ele** *havia mandado cavar para si."* (2 Crônicas 16.14 –NVI). Em outras palavras, Asa cavou sua própria sepultura e colocou o último prego no seu próprio caixão, porque insistiu em buscar auxílio na força humana, em vez de no Senhor. Deus sentiu-se insultado pelo desrespeito de Asa e fez com que ele recebesse o que mais temia. Jeremias 17.5 diz: *"Assim diz o Senhor: Maldito o homem que confia no homem, faz da carne mortal o seu braço e aparta o seu coração do Senhor!"*

Encontramos uma história semelhante em 2 Reis 1, quando o rei Acazias caiu pelas grades de um quarto alto e se feriu gravemente. Então ele enviou mensageiros à cidade filisteia de Ecrom, para perguntar ao deus deles, Baal-Zebube, se ele iria ou não se recuperar.

> *"Mas o anjo do Senhor disse ao tesbita Elias: Vá encontrar-se com os mensageiros do rei de Samaria e pergunte a eles: **Acaso não há Deus em Israel? Por que vocês vão consultar Baal-Zebube, deus de Ecrom?** Por isso, assim diz o Senhor: 'Você não se levantará mais dessa cama e certamente morrerá!'"*
>
> (2 Reis 1.3,4 – NVI.)

A Oração que Faz Diferença

A decisão de Acazias em não consultar o Senhor foi uma séria ofensa contra Deus, e isso lhe custou muito caro.

Fico imaginando quantos cristãos estão sofrendo hoje porque não confiaram no Senhor, tampouco O bucaram em meio à sua provação. A fé geralmente parece ser a opção mais difícil. Afinal de contas é muito mais fácil confiar em um advogado, um médico, um colega, um conselheiro ou até mesmo em nós mesmos. Entretanto, depois de confiar em todos esses outros, muitas pessoas se vêem tendo de enfrentar exatamente o que eles mais temiam. Então, nesse momento, elas clamam: "Por quê, Deus!?" Não espere perder até mesmo as rodas para, só então, clamar ao Senhor. *Buscai o Senhor enquanto se pode achar, invoci-o enquanto esta perto"* (Is 55.6). Encare a sua dificuldade meramente como uma oportunidade para o Senhor receber a glória.

A Glória Eterna de Deus

A prisão de Pedro foi uma prova que poderia ter terminado tanto em catástrofe quanto em vitória. Os cristãos se reuniram na casa de Maria e oravam pela libertação de Pedro, sendo essa, provavelmente, sua preocupação imediata. Eles estavam com medo de perderem o grande apóstolo, que também era seu amigo e líder. Provavelmente eles também sentiam empatia pelos sofrimentos de Pedro e com a brutal execussão que ele poderia vir a enfrentar. Entretanto, havia uma questão mais duradoura em jogo – a eterna glória de Deus. Aqueles intercessores provavelmente não tinham a menor ideia de que, por meio de suas orações, Deus iria liberar o seu poder de maneira extraordinária que seria um testemunho a muitas gerações – inclusive a nossa. Quantos milhares foram inspirados por esta história surpreendente? No entanto, poderia ter sido uma história trágica, não fosse pelas orações daqueles poucos fervorosos guerreiros de oração, que haviam se colocado na brecha em favor do discípulo.

Deus esta preocupado primeiramente em receber a glória que nossa vida possa Lhe trazer. Talvez as circunstâncias difíceis que você esteja enfrentando sejam apenas uma plataforma de onde Deus deseja demonstrar um poderoso milagre para um mundo incrédulo. Os olhos de Deus estão voltados para toda a terra à procura de alguém a quem Ele possa mostrar-se poderoso. Ele quer receber glória por intermédio de nossas enfermidades. Ele quer receber o nosso louvor em momentos de apertos financeiros. Ele quer receber honra através de nossa situação familiar. Devemos invocar ao Senhor. Invocá-Lo. Pergunte a Ele o que Ele pensa e o que deseja. Não tire d'Ele a oportunidade de ser o seu "socorro bem presente na angústia". Não se apoie em um braço de carne... não cave sua própria sepultura.

4

A Oração que Liberta

*"Eis que a mão do Senhor não
esta encolhida, para que não possa salvar;
nem surdo o seu ouvido,
para não poder ouvir."*

Isaías 59.1

A Oração que Liberta

Deus deseja responder às nossas orações de intercessão muito mais do que nós queremos que Ele as responda. A intercessão não é uma invenção humana – é ideia de Deus! Ele nos chamou para fazermos uma parceria com Ele em oração. Deus anseia revelar Seu grande poder nas cidades, regiões e nações, a fim de que multidões possam ser salvas. Ele quer revelar-se aos que andam na escuridão para que vejam a gloriosa luz do evangelho e se acheguem ao Senhor. Ele deseja ver o inferno saqueado e o céu repleto de vidas salvas!

Ele deu ao Seu povo (a Igreja) todas as ferramentas que precisamos, por meio da oração e da fé no poderoso nome de Jesus, para ver o que aconteceria se fôssemos usá-los como Ele havia planejado.

> A intercessão não é uma invenção humana – é ideia de Deus!

Ele colocou em nossas mãos as chaves do reino que são capazes de abrir a casa do tesouro do céu, quebrando as cadeias das nações, destruindo jugos, e anulando maldições.

Quebrando Maldições

Temos visto isso com grande freqüência em nossas Campanhas Evangelísticas de massa, em todo o mundo. Em muitas das aldeias africanas onde ministramos, as pessoas vivem com medo de certas maldições e principados demoníacos que os mantiveram em cativeiro e terror por gerações. Frequentemente, essas fortalezas têm nomes familiares a todo habitante local, mas as pessoas não se atrevem a pronunciá-las em voz audível, por medo dos poderes demoníacos por trás deles. Quando chegamos para uma das nossas campanhas evangelísticas, desafiamos essas forças com o poder da cruz. Pedimos que nos forneçam uma lista das maldições locais e, depois, através do enorme sistema de som, começamos a orar, chamando as maldições pelo nome, um por um, em nome de Jesus! Depois que cada maldição é quebrada, um poderoso "Amém" soa da multidão e uma sensação palpável de liberdade e alegria faz com que o povo dance e cante.

Em determinada cidade, onde fizemos um trabalho evangelístico, havia alguns curandeiros que praticavam a sua adivinhação ao lado de certas pedras "sagradas", as quais, segundo eles alegavam, falavam com eles. Todavia, depois da nossa campanha, aqueles "médicos" curandeiros começaram a se queixar, dizendo: "As pedras já não falam mais conosco".

A Oração que Faz Diferença

Através da oração temos o poder para vencer o inimigo e quebrar todas as suas cadeias.

Resgatado de Uma Cova Terrível

Estávamos no ano de 1919. Meu bisavô tinha imigrado para a América 11 anos antes e se estabelecido na cidade de Pigeon, Michigan, onde pastoreava uma igreja alemã, que havia começado por causa de pequenas reuniões de oração realizadas em sua casa, em uma área rural.[10] Durante a minha infância, sempre ouvia a história de Matis Nagi, cujo testemunho havia deixado uma impressão inextinguível na mente de todos aqueles que o conheciam. Sua esposa era uma membro fiel da congregação do meu avô, mas a escuridão que habitava o coração de Matis o fazia viver em desacordo com Deus e com a igreja que ele odiava com todas as suas forças.

De tempos em tempos, ele era dominado por um estranho poder e era levado a fazer coisas bizarras. Ele era famoso por jogar-se do sótão de sua casa, de cabeça para baixo, sem se machucar. Era evidente para todos que forças demoníacas atuavam em sua vida, e muitas vezes os líderes da igreja o advertiam, mas sem nenhum sucesso. Meu tio John[11] disse que ele mesmo já havia advertido Matis, dizendo-lhe: "Esse caminho que você escolheu ainda o levará à destruição. Você esta correndo o risco de ficar completamente possuído pelo demônio. Coloque um fim nisso e se humilhe diante de Deus, para que Ele possa ajudá-lo." Entretanto, infelizmente ele não quis dar ouvidos.

Certa noite, depois de uma discussão, e em um acesso de raiva, Matis entregou-se ao poder que o havia influenciado por tanto tempo. Tudo o que se passou na sua vida depois dessa noite foi totalmente apagado de sua memória, pois o poder demoníaco passou a dominá-lo de maneira completa.

A Sr.ª Nagi tinha ido à cidade fazer compras e quando retornou, ao anoitecer, em sua carroça puxada por cavalos, viu, ao longe, a silhueta de seu marido, de pé na varanda, sob as sombras, segurando um machado nas mãos. Quando ela chegou mais perto, um sentimento de inquietação tomou conta dela. Algo não estava certo. Sua inquietação transformou-se em terror quando ela viu que seu marido estava coberto de sangue, e tinha os olhos distantes e vazios. Então ela deu meia volta e dirigiu-se imediatamente para a casa de meu avô.

"Venha depressa," suplicou ela. Quando Matis viu meu avô e os anciãos da igreja se aproximando da casa, ele começou a gritar de medo. Ele estava resmungando frases quase ininteligíveis de como ele havia visto "eles" cobertos de vermelho e que não podia chegar perto "deles". E então, de repente ele saiu correndo e desapareceu na floresta. Juntos, a Sr.ª Nagi e os anciãos entraram na casa, onde fizeram uma descoberta apavorante. A sangue frio, Matis tinha assassinado brutalmente a sua mãe e seus três filhos.

A notícia daquele ato insano espalhou-se rapidamente por toda aquela pequena comunidade agrícola, que foi tomada pelo pavor. Os agricultores acompanhavam suas esposas até os currais quando elas iam ordenhar as vacas, e não íam trabalhar no campo por medo do endemoninhado demente que estava escondido na floresta.

Algum tempo depois, a polícia finalmente capturou Matis e o levou para a prisão. Entretanto, ele estava tão violento e fora de controle que teve que ser colocado sozinho em uma cela. Dentro da sua cela, ele rasgou todas as suas roupas e sentou-se no chão, completamente despido. Ele gritava muito durante a noite, enquanto dormia, e teve de ser impedido de cometer suicídio.

O juiz, vendo que ele estava completamente louco, determinou que ele não estava em condições de ser julgado e, por isso, Matis foi levado para uma clínica de doentes mentais, a uma distância aproximada de 170 quilômetros dali, na cidade de Pontiac, Michigan.

O médico mandou dizer à Sr.ª Nagi que o marido dela estava incuravelmente doente e que sua condição estava piorando a cada dia. Ele achava que seu marido estava prestes a morrer e, por isso, pediu que ela viesse imediatamente.

VENHA O TEU REINO

Aquela foi uma época muito difícil para os crentes na igreja de meu avô. Quando meu tio John chegou para o culto fúnebre das crianças e da mãe de Matis, foi recebido pela Sr.ª Nagi, que disse: "Que tristeza eu ter sido roubada dos meus filhos amados – e mais triste ainda é o fato de que meu marido se tornou escravo do diabo e que Satanás seja o grande vencedor ".

"Não, minha irmã Nagi", disse ele, "Satanás não é o vencedor! Esta aparente vitória é apenas temporária. Afinal, não há a menor dúvida de que a avó que amava o Salvador agora esta salva com Ele. E o mesmo se aplica às suas crianças. E a respeito de seu marido, existe esperança para arrebatá-lo do poder de Satanás através da oração e da fé. E nós faremos isso, em o nome de Jesus."

Então a congregação decidiu deixar o desespero de lado e se por a orar. Mais tarde, tio John escreveu o seguinte: "Todos dobramos os joelhos e oramos com fervor a Deus, para que Ele viesse destruir todas as tentativas de Satanás, para que mesmo essa tragédia resultasse em triunfo e que Ele resgatasse do poder de Satanás a vida daquele homem possesso. E pareceu que o céu se abriu sobre nós. Ficamos cheios de uma santa alegria e com coragem, e com fé para ordenar, em nome de Jesus, aos espíritos demoníacos que desaparecessem e deixassem a vida daquele homem. **Lembro-me muito bem de que fui tomado de uma plena certeza de fé, dada pelo Espírito Santo,** e clamei aos fiéis intercessores: 'Irmãos e irmãs, acabou! Deus ouviu a nossa oração. Podemos declarar, pela fé, que o Matis já esta liberto."

E foi o meu tio John que foi visitar Matis no asilo. Ao chegar ali, ele foi levado até o gabinete do médico chefe, Dr. Christian. O médico ficou em silêncio por algum tempo e, depois, disse: "Eu não entendo este caso. Três dias atrás eu escrevi uma carta para a esposa desse homem e expliquei a ela que, de acordo com nossos testes, seu marido tinha uma doença incurável e, provavelmente, não viveria por muito mais tempo. Todavia, ontem de manhã ocorreu uma mudança tão radical que, agora, a sua condição parece ser completamente normal. Bem, o que quer que tenha acontecido", disse ele, "parece que um milagre aconteceu aqui".

Então, o Dr. Christian tocou a campainha chamando um guarda para acompanhar o tio John para a sala de visitas. Depois de alguns minutos, Matis foi trazido e, quando ele viu meu tio, correu até ele, implorando: "Por favor, me diga o que aconteceu! Não posso acreditar no que essas pessoas estão me dizendo!" É que, no dia anterior, quando de repente e instantaneamente lhe voltou os sentidos, ele não tinha lembrança de nada do que havia acontecido. Quando tio John lhe contou toda a história, Matis caiu em prantos, soluçando, transtornado pelo sofrimento. Ele sempre amara muito a seus filhos e era muito chegado à sua querida e idosa mãe. "Ó Senhor, tem piedade de mim... um pecador!", ele clamou. "Eu sou a pior pessoa do mundo!"

VENHA O TEU REINO

É difícil imaginar como uma história como essa poderia ter um final feliz; entretanto, Deus, em Sua incrível misericórdia, tem uma maneira de transformar em triunfo mesmo a pior das tragédias. Matis tinha sido usado por Satanás como uma ferramenta de destruição, e ele teria de viver o resto de sua vida com a dor inimaginável desse fato. Porém, através do poder da oração, Jesus quebrou as correntes que aprisionavam a sua mente, como o endemoninhado gadareno (Mc 5.1-4),

> Jesus quebrou as correntes que aprisionavam a sua mente, como o endemoninhado gadareno, e libertou o cativo.

e libertou o cativo. E por causa dessa libertação milagrosa, algo mudou no espírito de Matis. Ele se arrependeu de sua rebelião, rendeu-se a Jesus Cristo, e se tornou um verdadeiro filho de Deus. Não apenas ele foi livre da possessão demoníaca, mas também foi salvo e cheio do Espírito Santo.

Os médicos acharam essa dramática recuperação tão inacreditável que se sentiram forçados a mantê-lo na clínica por mais de um ano sob observação cuidadosa, antes de assinar a sua alta e lhe dar um documento médico atestando a sua recuperação. Ele foi solto e viveu o resto de seus dias com sua família como um fiel seguidor de Jesus – um homem verdadeiramente transformado.

A Oração que Faz Diferença

Tio John contou que, mais de 20 anos depois, quando passava certa ocasião pela cidade de Detroit, ele foi pregar em uma igreja. Naquela noite, os crentes foram convidados a falarem do que Deus havia feito na vida deles. Foi quando um homenzinho idoso levantou-se, e disse: "Se alguém tem algum motivo para louvar ao Senhor, essa pessoa sou eu." Era Matis, agora já idoso e de cabelos brancos. Ele ainda viveu muitos anos com o peso do seu passado; todavia, ele estava transbordando de gratidão ao Deus que lhe havia mostrado tão grande misericórdia.[12]

E, com lágrimas escorrendo pelo seu rosto, Matis começou a citar o Salmo 40.2,3: *"Tirou-me de um poço de perdição, dum tremedal de lama; colocou-me os pés sobre uma rocha e me firmou os passos. E me pôs nos lábios um novo cântico, um hino de louvor ao nosso Deus; muitos verão essas coisas, temerão e confiarão no SENHOR."*

O Longo Braço de Deus

Em nossas Campanhas Evangelísticas em massa, onde centenas de milhares participam de cada reunião, multidões de pessoas doentes e necessitadas se reúnem para receberem oração. É fisicamente impossível impor as mãos sobre cada pessoa, mas nós fizemos uma descoberta incrível. Não existem limitações com Deus. Quando oramos sobre a multidão gigantesca, milagres e curas começam a aparecer como pipoca estourando na panela, e desde a frente até a parte de trás da plateia, o poder de Deus flui igualmente sobre todos. Muitas vezes temos cortado correntes verdadeiras, físicas, das mãos e dos pés de pessoas insanas que foram libertadas milagrosamente através do simples poder da fé e da oração.

Você tem entes queridos que estão presos pelo poder de Satanás? Quer ver a salvação chegar na vida de seus filhos, netos, pais, irmãos e irmãs? Você tem um amigo que é viciado em drogas, álcool, ou que tenha um perverso estilo de vida? Você já tentou alcançá-los, mas sem sucesso? Pois saiba que exieste uma arma secreta à sua disposição.

Meu amigo, é hora de orar. Através da oração o poder *dunamis* de Deus pode alcançar essas pessoas exatamente onde elas estão, quebrar as cadeias que as prendem, abrir as portas de sua prisão, e trazer livramento, libertação e cura. Você pode estar a milhares de quilômetros, mas a distância não é impedimento para o Espírito Santo onipresente.

Isaías 59.1, diz: *"O braço do Senhor não esta tão encolhido que não possa salvar"* (NVI). Embora Pedro estivesse preso do outro lado da cidade, através da oração em nome de Jesus, as cadeias físicas em suas mãos foram soltas e todas as barreiras à sua libertação foram removidas.

A Oração que Faz Diferença

Matis Nagi estava em um asilo para doentes mentais a centenas de quilômetros de distância, mas através da oração, as correntes que aprisionavam a sua mente foram soltas, e a libertação veio para a sua alma e a sua vida foi transformada.

Quando oramos, temos o poder de levar libertação aos oprimidos. Podemos ter um impacto tão grande a ponto de chegar até aos confins da terra, sem jamais sair de casa. *"... tudo o que ligardes na terra terá sido ligado nos céus, e tudo o que desligardes na terra terá sido desligado nos céus"* (Mt 18.18). Nenhuma porta, nenhuma cadeia, nenhuma barreira pode impedir o Seu mover; e nenhuma distância estará tão distante que o longo braço do Senhor não poderá alcançar!

> Podemos ter um impacto tão grande a ponto de chegar até aos confins da terra, sem jamais sair de casa.

5

Orando Sob um Céu Aberto

Ah, se rompesses os céus e descesses!
Os montes tremeriam diante de ti!
Como quando o fogo acende os gravetos
e faz a água ferver, desce, para que os teus inimigos
conheçam o teu nome e as nações tremam diante de ti!

Isaías 64.1,2 – NVI

A Oração sob um Céu Aberto

Um dos relatos mais notáveis de oração intercessória registrados na Bíblia, encontra-se no livro de Isaías 64.1,2, onde o profeta clama ao Senhor, dizendo: *"Ah, se rompesses os céus e descesses! Os montes tremeriam diante de ti! Como quando o fogo acende os gravetos e faz a água ferver, desce, para que os teus inimigos conheçam o teu nome e as nações tremam diante de ti! "*(Nova Versão Internacional.)

A palavra "romper" significa, literalmente, abrir ou rasgar.[13] Isaías estava suplicando a Deus que Ele "rasgasse" os céus e Se mostrasse ao mundo, de maneira que todos pudessem vê-Lo como Isaías O tinha visto! A paixão de Isaías fica bastante óbvia no uso da interjeição, "Ah".

Existe algo profundamente enraizado no coração de cada pessoa que anseia por conhecer a Deus pessoalmente e experimentar o Seu amor. Existe um "Ah" dentro de cada um de nós. Este desejo que cresce dentro de nós é apenas um reflexo do fato de que o homem foi originalmente criado à imagem de Deus e projetado com a necessidade de conhecer ao Seu Criador em um nível pessoal, e de poder experimentar o Seu poder em sua vida.

Santo Agostinho disse certa feita: "Fizeste-nos, Senhor, para Ti, e nosso coração anda inquieto enquanto não achar descanso em Ti." Este anseio do coração humano é uma parte integrante da estrutura básica da personalidade humana. Ela se expressa na arte, na música, nos costumes e crenças de cada cultura, por todo o mundo, e isso vem de tempos muito remotos, dos primeiros registros que se tem da história.

Quando o pecado entrou no mundo, o homem, que havia sido projetado para viver em constante comunhão com Deus, de repente foi separado d'Aquele que ele tinha sido criado para andar ao lado, em perfeita harmonia, por toda a eternidade. A barreira que divide os dois mundos, o natural e o sobrenatural, surgiu por causa do pecado de Adão, que separou o reino físico de uma humanidade caída, do reino espiritual, cheio da mais rica presença e bênção de Deus, bem como de Seu grandioso poder.

Nesta oração, pedindo a Deus para "romper os céus e descer", creio que Isaías estava se baseando em uma experiência anterior em sua vida, registrada em Isaías 6.1-8, quando ele havia sido arrebatado ao céu e recebido a missão e unção para a sua vida e ministério profético. Ele lembra disso, dizendo: *"No ano em que o rei Uzias morreu, eu vi o Senhor assentado num trono alto e exaltado, e a aba de sua veste enchia o templo"* (Is 6.1 – NVI).

E, nos versos seguintes, Isaías continua descrevendo sua experiência na presença de Deus. Ele falou de seres angelicais sobre o

A Oração sob um Céu Aberto

trono, proclamando: *"Santo, santo, santo é o Senhor dos exércitos,* ***a terra*** *inteira esta cheia da sua glória"* (v.3); sobre a manifestação visível da glória de Deus, e também falou de sua súbita e esmagadora consciência do pecado quando estava na presença magnífica da santidade de Deus. Ele chegou a pensar que certamente morreria em um lugar tão sagrado, onde subitamente havia encontrado a si mesmo! Todavia, ele também achou graça ali, e seus pecados foram queimados pelo fogo santo. E foi naquele lugar que a sua vida e o seu destino foram mudados para sempre. Ele nunca mais seria o mesmo!

Preste muita atenção ao que os anjos estavam proclamando um ao outro. Observe que eles não estão dizendo: "O céu esta cheio da Sua glória". Pelo contrário, eles dizem: "A **terra** esta cheia da Sua glória". Esta foi uma visão profética de um tempo que esta por vir, do qual a Escritura diz: *"Pois a terra se encherá do conhecimento da glória do Senhor, como as águas cobrem o mar "*(Hb 2.14).

Quando Isaías orou a Deus para rasgar os céus e descer, ele estava pedindo pelo cumprimento da promessa profética que havia recebido em sua visão, muitos anos antes. Em essência, ele estava dizendo o seguinte: "Senhor, se a Terra vai ficar cheia da Tua glória, o Senhor precisa abrir os céus e descer!" Isaías entendeu que este "romper os céus" seria necessário para que Deus pudesse cumprir Seu plano para este mundo.

Uma Escada Para o Céu

O Evangelho de João é clara e maravilhosamente diferente de seus três parceiros sinópticos. Alguns especulam que João escreveu seu evangelho muito tempo depois de Mateus, Marcos e Lucas, e que João não apenas teve a oportunidade de ler o que os outros haviam escrito, como também teve muitos anos para refletir sobre suas próprias experiências à luz do que havia sido registrado. Como um homem já de idade avançada, e debaixo da unção divina do Espírito Santo, João estava convencido de que ainda havia algumas coisas essenciais que precisavam ser ditas. Então, ele se dispôs a contar o resto da história, em suas próprias palavras.

João é um escritor claramente apaixonado pelos relatos do Mestre e que escreve com uma persuasão irresistível. Ele deixa bem claro qual o seu objetivo, no capítulo 20, versículo 31, quando diz: *"Estes, porém, foram registrados para que creiais que Jesus é o Cristo, o Filho de Deus, e para que, crendo, tenhais vida em seu nome."* Tudo no Evangelho de João esta estrategicamente interligado para convencer o leitor de que Jesus Cristo é o Filho de Deus, pois João sabia que através deste conhecimento podemos receber a vida eterna.

É incrível que, enquanto João omite a história do nascimento, batismo, tentação, e transfiguração de Jesus, ele utiliza nove

A Oração sob um Céu Aberto

versos no capítulo de abertura para nos contar uma história aparentemente insignificante sobre um jovem chamado Natanael. Todavia, um olhar mais atento irá revelar que esse acontecimento, de outra forma não relatado, é uma tese profunda e luminosa a partir da qual o argumento excepcionalmente convincente de João será usado como um trampolim nos próximos capítulos de seu Evangelho.

No dia seguinte Jesus decidiu partir para a Galileia. Quando encontrou Filipe, disse-lhe: "Siga-me". Filipe, como André e Pedro, era da cidade de Betsaida. Filipe encontrou Natanael e lhe disse: "Achamos aquele sobre quem Moisés escreveu na Lei, e a respeito de quem os profetas também escreveram: Jesus de Nazaré, filho de José". Perguntou Natanael: Nazaré? Pode vir alguma coisa boa de lá?" Disse Filipe: "Venha e veja". Ao ver Natanael se aproximando, disse Jesus: "Aí esta um verdadeiro israelita, em quem não há falsidade!" Perguntou Natanael: "De onde me conheces?" Jesus respondeu: "Eu o vi quando você ainda estava debaixo da figueira, antes de Filipe o chamar". Então Natanael declarou: "Mestre, tu és o Filho de Deus, tu és o rei de Israel!" Jesus disse: Você crê porque eu disse que o vi debaixo da figueira. Você verá coisas maiores do que essa!" E então acrescentou: "Digo-lhes a verdade: vocês verão o céu aberto e os anjos de Deus subindo e descendo sobre o Filho do homem". (Jo 1.43-51 – NVI)

A fim de compreender melhor o que esta acontecendo nessa passagem, vou fazer uma série de perguntas-chave sobre o texto e, a partir delas, irá surgir uma maravilhosa revelação.

O que Esta Acontecendo na Figueira?

A figueira pode parecer um tema estranhamente recorrente; entretanto, o contexto cultural revela que existe muito mais aqui do que os olhos podem ver. Na tradição rabínica, a figueira é frequentemente utilizada como uma metáfora da Torá (os cinco primeiros livros do Antigo Testamento). Pode ser que Natanael estivesse sentado debaixo daquela figueira de maneira literal ou figurada. Entretanto, de qualquer forma, parece claro que ele estava estudando as Escrituras. Quando Jesus disse que o havia visto debaixo da "figueira", estava dizendo que tinha visto Natanael lendo a Torá, o que nos leva à segunda pergunta.[14]

O que Natanael Estava Lendo na Torá?

É claro que nos dias de Natanael não havia esta distinção de capítulo e versículo como temos hoje em nossa Bíblia. Porém, acredito que ele estaria lendo algo em torno do capítulo 28 do Gênesis;

A Oração sob um Céu Aberto

provavelmente algo sobre o seu ancestral, Jacó (cujo significado é **enganador**)[15], o qual roubara o direito de primogenitura de seu irmão, enganara seu idoso pai, e fugira para salvar sua vida. Ele deve ter lido como Jacó chegou a Betel, onde descansou durante a noite. Ali Jacó deitou-se sobre uma pedra, que ele usou como travesseiro, dormiu e teve um sonho. *"... eis posta na terra uma escada cujo topo atingia o céu; e os anjos de Deus subiam e desciam por ela"* (Gn 28.12).

Você vai notar que, antes de Natanael conhecer Jesus, ele era um cético convicto que havia perguntado o seguinte, a respeito de Jesus: *"De Nazaré pode sair alguma coisa boa?"* Mas em algum lugar entre os versículos 46 e 49, ele dramaticamente se converteu em um crente verdadeiro, que declarou a Jesus: *"Mestre, tu és o Filho de Deus, tu és o Rei de Israel!"* (Jo 1.49). E esta transformação incrível parece ter acontecido quase que instantaneamente, o que nos leva a fazer uma terceira pergunta.

Por que Esta Repentina mudança de Coração?

Natanael ficou visivelmente perplexos com a espantosa profundidade da visão profética de Jesus.

Primeiro, Jesus demonstrou que Ele sabia que Natanael estava estudando as Escrituras antes que Filipe viesse chamá-lo, o que parece que era um segredo.

Em segundo lugar, Jesus sabia exatamente o que Natanael estava estudando e fez alusão a isso quando chamou Natanael de *"um verdadeiro israelita"* (um descendente de Jacó, o "enganador", sobre quem Natanael tinha acabado de ler), *"em quem não há dolo* [ou engano]. "

E, terceiro, por esta mesma afirmação, Jesus provou que Ele não apenas sabia **que** Natanael estava estudando a Torá, **e** exatamente **o que** ele estava estudando na Torá, mas o argumento decisivo foi que Natanael percebeu que Jesus viu algo que ninguém mais poderia ter visto – o seu coração propriamente dito.

Esta demonstração mexeu tanto com Natanael que ele imediatamente declarou sua fé em Jesus: *"Mestre, tu és o Filho de Deus, tu és o Rei de Israel!"* E foi então que Jesus fez **a declaração mais incrível de todas** – a conclusão da história de João. *"Porque te disse que te vi debaixo da figueira, crês? Pois maiores coisas do que estas verás"* (v.50).

E então Jesus voltou novamente à Escritura onde Natanael estava lendo sobre Jacó, e fez uma clara referência à história da escada: *"Em verdade, em verdade vos digo que **vereis o céu aberto e os anjos de Deus subindo e descendo sobre o Filho do Homem"** (Jo 1.51).

A Oração sob um Céu Aberto

Em essência, Jesus disse: "Natanael, você esta admirado que eu saiba o que você estava lendo? Você esta impressionado que eu sabia que você estava lendo a respeito da escada de Jacó? Oh, Natanael, eu tenho algo muito melhor para você. Espere até você ver que **EU SOU a escada de Jacó!**"

Jesus declarou ser mais do que um profeta, mais do que um rabino, mais do que um político libertador, e mais do que um rei. Ele declarou ser a ponte entre o céu e a terra, o elo entre Deus e o homem, o portal que Deus abriu na terra, dando-nos acesso direto aos lugares celestiais.

> Ele declarou ser a ponte entre o céu e a terra, o elo entre Deus e o homem, o portal que Deus abriu na terra, dando-nos acesso direto aos lugares celestiais.

Esta é apenas a primeira de muitas revelações a respeito da identidade de Jesus que João inclui em seu livro. Existem muitas outras. Por exemplo, Jesus diz:

Eu sou o pão vivo que desceu do céu (Jo 6.51).
Eu sou a luz do mundo (Jo 8.12).
Antes que Abraão existisse, EU SOU (Jo 8.58).
Eu sou a porta (Jo 10.7).

Eu sou o bom pastor (Jo 10.11).

Eu sou a ressurreição e a vida (Jo 11.25).

Eu sou o caminho, e a verdade,

e a vida (Jo 14.6).

Eu sou a videira verdadeira (Jo 15.1).

João parece nos dizer o mesmo que Filipe disse a Natanael:

"Nós O encontramos... Aquele de quem Moisés e os profetas escreveram... Aquele que resolve todos os mistérios, e que responde todas as perguntas!"

Nós O encontramos:

O Caminho, a Verdade, a Vida

O Pão da vida

A Luz do mundo

A Porta

O Bom Pastor

E Ressurreição

A Videira

O grande EU SOU

A Oração sob um Céu Aberto

Ele é o Cordeiro pascal.

Ele é a Arca da salvação de Noé.

Ele é a serpente de bronze levantada no deserto.

Ele é a rocha de Horebe.

Ele é a cidade de refúgio.

Ele é o véu no tabernáculo;

o próprio tabernáculo.

Ele é o pão ázimo e o maná vindo do céu.

Ele é o nosso Melquisedeque.

Ele é o nosso resgatador.

Ele é nosso Sumo Sacerdote.

Ele é a árvore da vida.

Ele é a escada para o céu.

Ele é o segundo Adão.

Ele é Isaque, indo ao encontro de sua noiva.

Ele é o guerreiro, em pé, diante de Josué, com a espada

desembainhada.

Ele é Jonas, três dias e três noites

no coração da terra.

Ele é, em todos os sentidos, o mais amplo e completo

cumprimento e fonte de cada promessa,

cada tipo,

cada sombra,

cada epifania,

e cada teofania.

Ele é o fim de toda a teologia.

Ele é a razão de cada genealogia.

Ele esta no coração de cada profecia.

Sua vinda dividiu a história em duas e mudou absoluta-

mente tudo!

A Oração de Isaías Respondida

Muitas pessoas ainda fazem a oração de Isaías, pedindo para Deus rasgar o céu e descer, implorando desesperadamente como um mendigo desiludido, suplicando por um pedaço de pão. Todavia, meus amigos, a boa notícia é que a oração de Isaías já foi respondida há 2.000 anos! Deus realmente rasgou os céus e desceu por meio de Jesus Cristo. Poderia existir um "rasgar" dos céus mais dramático do que aquele que aconteceu no Calvário? A terra se abriu, o véu do templo se rasgou de alto a baixo, e o precioso corpo de Jesus Cristo foi partido, a fim de que o céu pudesse invadir a Terra.

Por meio d'Ele os anjos de Deus sobem e descem a nosso favor. Por meio d'Ele todos os recursos de Deus são derramados e as

A Oração sob um Céu Aberto

necessidades da humanidade podem ser satisfeitas. Por causa d'Ele o homem pôde se reconciliar com Deus e a ira do Todo-poderoso foi aplacada.

Deus rasgou os céus e desceu. Ele destruiu a antiga barreira que existia entre o céu e a terra, e hoje todas as riquezas e os recursos de Deus estão disponíveis àquele que aceitá-los pela fé, através da oração.

> Todas as riquezas e os recursos de Deus estão disponíveis àquele que aceitá-los pela fé, através da oração.

Hebreus 10.19-22, diz:

> *"Tendo, pois, irmãos, intrepidez para entrar no Santo dos Santos, pelo sangue de Jesus, pelo novo e vivo caminho que ele nos consagrou pelo véu, isto é, pela sua carne, e tendo grande sacerdote sobre a casa de Deus, aproximeno-nos, com sincero coração, em plena certeza de fé, tendo o coração purificado de má consciência e lavado com água pura.*

Deus deseja que nos aproximemos d'Ele em oração, com plena confiança e certeza de que a Sua provisão é totalmente suficiente para a nossa necessidade. Hoje podemos entrar corajosamente na presença de Deus, com uma consciência pura e um coração cheio de fé, sabendo que Deus já destruiu tudo o que fica entre nós e Ele, pelo sangue de Jesus Cristo. Ele realmente nos deu as chaves do reino dos céus.

A maneira de colocarmos este incrível poder em ação é através da oração. Alguém disse certa vez: "A oração é a maior oportunidade que podemos ter nesta vida, e é para a vida inteira." A oração de Isaías foi respondida. Deus realmente rasgou o céu. Agora vamos trazer o céu até a Terra!

6

A Oração que Traz o Céu à Terra

Venha o teu reino,
Faça-se a tua vontade,
Assim na terra como no céu.

Mateus 6.10

A Oração que traz o Céu à Terra

Em Mateus 6.9,10, Jesus faz a seguinte oração:

*"Pai Nosso, que estas nos céus, santificado seja o teu nome; **venha** o teu reino, faça-se a tua vontade, assim na terra **como no céu**."*

Jesus nos ensinou a orar para que toda a glória do reino de Seu Pai pudesse ser manifesta na Terra, e que todos os propósitos e as bênçãos do céu sejam realidade aqui na esfera terrestre.

Anos atrás eu tive uma visão muito interessante; vi uma imponente e sólida barragem. De um lado ela segurava um poderoso rio, mas do outro era terra seca, rachada e queimada do sol. Naquele momento entendi que o rio representava a glória de Deus, e a terra seca representava o mundo. Eu sabia que era a vontade de Deus que o conhecimento de Sua glória cobrisse a terra como as águas cobrem o mar. Então eu disse: "Senhor, como a Sua glória irá romper aquele muro maciço?" E foi aí que eu vi. Minúsculas rachaduras começaram a se formar na represa... linhas muito finas, insignificantes em uma primeira olhada. Entretanto, daquelas pequenas rachaduras começaram a sair filetes de água, como de um spray. As rachaduras continuaram e vi pequenos pedaços do muro começar a ceder. Logo a água jorrava de todos os lados e, de repente, a poderosa barragem foi varrida e a terra seca ficou totalmente coberta. Então o Senhor falou comigo, dizendo: "A minha glória cobrirá a terra por meio de pessoas quebrantadas".

> Então o Senhor falou comigo, dizendo: "A minha glória cobrirá a terra por meio de pessoas quebrantadas".

De repente, vi Jesus na Última Ceia, partindo o pão da comunhão. Ele disse: *"Isto é o meu corpo que é **partido** por vós"* (1 Coríntios 11.24 – Alemida Corrigida e Revisada Fiel). Quando Jesus falou de seu corpo sendo partido, Ele estava se referindo à Sua crucificação.

Imediatamente as palavras do apóstolo Paulo, em Gálatas 2.19,20, inundaram o meu espírito: *"Estou crucificado com Cristo; logo, já não sou eu quem vive, mas Cristo vive em mim; e esse viver que, agora, tenho na carne, vivo pela fé no Filho de Deus, que me amou e a si mesmo se entregou por mim."* Que confissão poderosa! Ser crucificado com Cristo – iso é quebrantamento que resulta em vida que flui de nós para o mundo sedento e ressecado ao nosso redor. *"...já não sou eu quem vive, mas Cristo vive em mim"*.

Quando estamos quebrados, assim como no caso dos jarros de barro de Gideão, a luz de Cristo, brilhando de dentro para fora, os rios de água viva de dentro de nós irão jorrar como Jesus prometeu que faria. Mas como podemos ser crucificado com Cristo? Será que devemos procurar um grupo de soldados romanos e pedir-lhes para nos pregar em uma cruz? A verdade é que Jesus tinha entregado a sua vida muito antes de ter sido pregado naquela cruz! Ouça-O orando no jardim: *"Não se faça a minha vontade, e sim a tua"* (Lc 22.42). Isto é quebrantamento verdadeiro. É onde a verdadeira crucificação acontece, e é nesta desistência da nossa própria vontade e desejo que nossas orações se tornam verdadeiramente poderosas.

Salmo 51.17, diz: *"Sacrifícios agradáveis a Deus são o espírito quebrantado; coração compungido e contrito, não o desprezarás, ó Deus."*

Orar de Acordo com a Vontade de Deus

Um dos maiores obstáculos à verdadeira revelação da glória de Deus na Terra é a oração feita por aqueles que colocam seus interesses pessoais à frente, e que buscam sua própria glória. A oração deles é mais ou menos assim: "Não a Tua vontade, mas a minha, seja feita." Deus vê absolutamente tudo. Ele ouve cada oração, mas Ele também olha profundamente dentro do coração da pessoa que faz a oração, e sabe perfeitamente a verdadeira intenção que esta por trás! Nada passa despercebido ao Seu olhar. Qualquer oração, de qualquer tipo, sempre estará sujeita ao Seu divino escrutínio. Ele não só ouve o que nós Lhe pedimos, mas também vê tudo – a verdadeira razão por que a petição esta sendo feita. É a isto que Tiago estava se referindo quando disse:

*"Vocês cobiçam coisas, e não as têm; matam e invejam, mas não conseguem obter o que desejam. Vocês vivem a lutar e a fazer guerras. Não têm, porque não pedem. Quando pedem, não recebem, pois pedem por motivos errados, **para gastar em seus prazeres**."*

(Tiago 4.2,3 – NVI.)

> Deus vibra quando oramos o que esta no coração d'Ele mais do que o que esta em nosso oração.

Deus vibra quando oramos o que esta no coração d'Ele mais do que o que esta em nosso oração. Um dos propósitos mais sublimes da oração e intercessão é ajudar a trazer o reino de Deus à Terra, para que Ele seja glorificado. Essa verdade é claramente ilustrada por Jesus quando Ele disse: *"E tudo* *quanto pedirdes em meu nome, isso farei, **a fim de que o Pai seja glorificado no Filho**. Se me pedirdes **alguma coisa** em meu nome, eu o farei"* (Jo 14.13,14).

Muitas pessoas têm tentado usar a fé e a oração em nome de Jesus como um cheque em branco para obterem tudo o que quiserem. E realmente Deus nos tem dado promessas maravilhosas a respeito de pedir, crer e receber. É claro que isso não esta em discussão aqui, mas existe um algo a mais a respeito de fé e oração; é para pedir coisas que, quando recebidas, serão usadas exclusivamente para trazer glória ao nosso Pai Celestial, através de Seu Filho, o Senhor Jesus Cristo! É o tipo de oração que não tem a ver conosco, mas tem tudo a ver com Ele e é **para** Ele. Este é o tipo de oração que Deus deseja. Jesus prometeu que se orarmos dessa maneira e com motivação, Ele nos responderá. *"Eu farei **qualquer coisa** que vocês me pedirem em meu nome."* (João 14.14 - Nova Tradução na Linguagem de Hoje.)

Em 1 João 5.14,15, encontramos outra maravilhosa promessa da Escritura. Ela diz o seguinte: *"E esta é a confiança que temos para com ele: que, se pedirmos alguma coisa segundo a sua vontade, ele nos ouve. E, se sabemos que Ele nos ouve quanto ao que lhe pedimos, estamos certos de que obtemos os pedidos que lhe temos feito."*

Um dos grandes segredos da oração é a descoberta do poder ilimitado que esta disponível quando o povo de Deus começar a interceder por coisas que Deus prometeu claramente em Sua Palavra. Fé e esperança na intercessão serão apenas um pouco mais que presunção e ilusão, se não estiverem firmemente enraizadas no que é a vontade expressa de Deus de executar. Graças a Deus que, por causa de Seu grande amor, misericórdia e graça, Ele não nos dá tudo o que pedimos. Se fosse assim, muitas vezes o desastre seria o resultado, bem como o abandono de Seus propósitos e planos!

Deus é absolutamente honesto. Ele jamais mentirá. Ele nunca irá nos prometer coisas que Ele não seja capaz de cumprir ou que não deseja nos dar. Podemos ter confiança inabalável e absoluta de que quando vamos a Ele, em oração, buscando as coisas que sabemos que são Sua vontade expressa de dar e de fazer, uma revelação de Sua glória e poder logo chega até nós; sem falhar. Quando sabemos qual é a vontade de Deus, podemos orar com uma certeza inabalável de que a resposta esta a caminho.

Quando começamos a orar por um poderoso derramar do Espírito Santo, o qual vai causar a derrota do diabo e glorificar a Deus, o céu começa a transbordar por causa do peso de Sua glória. Quando começamos a orar fervorosamente para que as almas sejam salvas e que o nome do Senhor Jesus seja conhecido entre as nações, podemos ter certeza absoluta de que o céu começa a se mover em resposta. Jesus prometeu que quando orarmos para que o Pai seja glorificado, Ele responderá fazendo **qualquer** coisa que pedirmos a Ele para fazer!

A Oração que traz o Céu à Terra

Quando começamos a orar: "Não seja feita a minha vontade, mas a tua, Sentor", nossa vida se torna uma pequena rachadura na muralha, a qual permite que a glória de Deus flua em direção à Terra. As Escrituras declaram que um dia o conhecimento desta glória vai cobrir completamente a terra, como as águas cobrem o mar (Hc 2.14). Impossível uma saturação maior da glória de Deus. Embora essa promessa profética ainda não tenha se cumprido, temos visto muitos vislumbres do que acontece quando o povo de Deus ora.

> Quando começamos a orar por um poderoso derramar do Espírito Santo, o qual vai causar a derrota do diabo e glorificar a Deus, o céu começa a transbordar por causa do peso de Sua glória.

Uma Aliança Divina

Charles Finney (1792-1875) é considerado por muitos como tendo sido um dos maiores avivalistas da história americana. Quando Finney pregava em uma cidade, toda a região ficava fortemente impactada pela santa presença de Deus, que parecia descer como uma nuvem sobre aquele lugar. O presença real de Deus era sentida a quilômetros de distância e multidões vinham para Jesus como se estivessem sendo puxadas por uma misteriosa força magnética. As igrejas ficavam lotadas com o grande número de novos convertidos. Os índices de criminalidade despencavam e as prisões ficavam vazias por causa do número de pessoas que se convertiam a Jesus. Os habitantes daquelas cidades e regiões eram afetados pelas próximas décadas, por causa do trabalho sobrenatural que era feito pelo Espírito Santo, através deste homem de Deus. É curioso constatar que, cerca de 80 por cento das pessoas que vinham a Jesus, nas reuniões de Finney, ainda estavam ativamente servindo ao Senhor 25 anos após a sua experiência inicial de salvação;[16] uma extraordinária estatística.

Os incríveis avivamentos que seguiam o ministério de Charles Finney foram muito mais do que apenas o resultado da pregação eloquente deste evangelista. Havia uma atmosfera que seguia Charles Finney que refletia a santidade de Deus. Quando as pessoas encontravam esta atmosfera, seu testemunho era o mesmo do profeta Isaías que, ao deparar-se com a santidade de Deus, clamou em desespero: *"Ai de mim! Estou perdido!"* (Is 6.5). As pessoas ficavam tomadas de pânico pelos horrores dos seus pecados e por causa da profunda ofensa que estes pecados causavam no coração de Deus. Muitos que se voltaram para o Senhor com arrependimento verdadeiro experimentaram o reverente e sincero temor do Senhor, e eles nunca mais foram os mesmos.

Existem muitos escritos a respeito do incrível ministério de Charles Finney; todavia, muito pouco se sabe sobre um outro grande homem chamado Daniel Nash, que era um fiel companheiro de Finney. A maioria das pessoas sequer sabiam que ele existia. Nash era um homem quieto por natureza e, raramente, ou quase nunca, participava em qualquer das reuniões de avivamento onde Finney pregava. Embora tivesse sido um pastor no início de sua vida, tinha sido profundamente ferido por alguns líderes da igreja que o haviam demitido de sua congregação por achar que ele estava velho demais. E ele tinha apenas 46 anos na época. Entretanto, esta decepção pela qual Nash havia passado foi apenas uma parte da preparação para um trabalho muito maior que Deus tinha para ele: o ministério de oração e intercessão. Por causa de seu coração ferido, ele se afastou do ministério público, mas tornou-se um poderoso homem que prevalecia na oração.

Deus colocou Daniel Nash e Charles Finney juntos para formarem uma equipe que seria usada por Deus de uma forma absolutamente fenomenal. Quando Finney ia realizar reuniões de avivamento em alguma cidade, Nash sempre ia à frente para orar pedido as bênçãos de Deus. Ao chegar à cidade, ele se hospedava em uma pensão e começava a orar para as reuniões que estavam chegando. Às vezes ele ficava dias sem sair de seu quarto, dedicando seu tempo totalmente à intercessão. Frequentemente as pessoas relatavam ter ouvido choro e gemidos vindos do quarto deste homem, enquanto ele orava para que o poder do Espírito Santo fosse liberado e houvesse uma colheita poderosa quando Charles Finney chegasse para pregar.

Daniel Nash ficava em oração vários dias antes de se realizarem as reuniões. Orava até sentir que a obra no mundo espiritual estava realizada. Outras vezes ele orava por três a quatro semanas antes da chegada de Finney; e ele não parava de interceder até sentir em seu espírito que a preparação através da intercessão estava completa; ele não parava de orar enquanto não sentisse que a atmosfera espiritual já estava preparada. E quando ele sentia a liberação do Espírito, mandava avisar a Charles Finney que a cidade estava pronta para a sua chegada. Então Finney chegava, pregava o evangelho, e as inundações das marés da santa, convincente e salvadora glória de Deus inundavam a cidade e, como resultado, as pessoas vinham a Jesus para serem salvas.

O maior mover de Deus na história americana ocorreu durante esta época. Regiões inteiras foram transformadas como resultado do ministério de Finney. Os historiadores apontam essas reuniões como tendo um impacto tão profundo sobre as pessoas e as sociedades que os efeitos ainda podiam ser percebidos mais de um século depois![17] Todavia, a poderosa pregação de Charles Finney, responsável pela salvação de centenas de milhares de pessoas, nunca teria tido tamanho impacto se não fosse pela parceria espiritual com o ministério de intercessão de Daniel Nash. É interessante notar que apenas quatro meses após a morte de Daniel Nash, Charles Finney deixou o ministério itinerante para pastorear uma igreja. Então os poderosos avivamentos que caracterizaram o seu ministério e mudaram toda uma nação começaram a diminuir.

Daniel Nash esta enterrado em um túmulo simples, em um cemitério ignorado, atrás de um celeiro, em uma fazenda nas imediações de Nova York. Seu túmulo ficou fora da história por muitas décadas. Em sua pequena e velha lápide estão gravadas as seguintes palavras: "Daniel Nash – ministro de oração de Charles Finney". Embora fosse praticamente um desconhecido para as massas, Deus usou Nash profundamente para trazer à luz os reavivamentos de Charles Finney, os quais alcançaram multidões. Com toda a certeza hoje, no céu, Daniel Nash goza da mesma recompensa que Charles Finney, por causa do papel que desempenhou na intercessão e na oração!

Acredito firmemente que existem muitos Daniel Nashs na Terra hoje; eles são conheidos apenas por Deus (e, talvez, por alguns membros da família ou amigos). Pode ser que nunca escreverão um livro, nunca terão um programa na televisão, nunca terão um grande ministério público que lhes traga dinheiro, popularidade e a aclamação das massas; entretanto, seu trabalho invisível, no espírito, por meio da oração intercessória, faz com que a obra de Deus avance sobre a terra. Eles podem até ser estranhos enquanto estão aqui neste mundo, mas um dia eles serão campeões no céu.

Não Existem Atalhos

Existe uma santa obra na Terra que só pode ser realizada no espírito, por meio da intercessão, para a qual não há substituto. Não tem como superestimar o seu valor, pois sem ela não conseguimos alcançar muitos benefícios; se é que se pode conseguir algum. Hoje em dia há muita gente procurando oferecer programas atraentes, talento, música e apelos ao emocional das pessoas; tudo num esforço para inclinar o coração das massas para Deus. Todavia, mas frequentemente do que se imagina, esses esforços sucumbem pateticamente aquém da meta. Eles simplesmente não têm a força espiritual necessária para ver a manifestação do que Jesus estava querendo transmitir quando disse: *"Venha o teu reino, faça-se a tua vontade, assim na terra como no céu"* (Mt 6.10). O reino dos céus não vai invadir os reinos da terra, destruindo as fortalezas das trevas demoníacas, até que o povo de Deus interceda e, pela fé, declare que assim seja. Não existem atalhos para se ver o derramamento do poder celeste na Terra. Essas coisas acontecem da mesma forma que sempre aconteceram ao longo dos séculos. A presença de Deus, Seu poder e glória, serão vistos quando o Seu povo orar com paixão fervorosa, santa convicção, e perseverança inabalável!

A Oração que traz o Céu à Terra

A. T. Pierson, certa vez, comentou o seguinte: "Do dia de Pentecostes para cá, todos os grandes despertamentos espirituais de todos os lugares nasceram de uma comunhão em oração, por vezes, de apenas dois ou três crentes. E depois que as reuniões de oração diminuíram, esse movimento na direção dos céus e dos homens cessou."

No início do Avivamento Galês (1904), um evangelista de Wiltshire estava visitando as reuniões em Ferndale. Então, certo dia ele se levantou, e disse: "Amigos, eu viajei para o País de Gales com a esperança de poder descobrir o segredo do Avivamento galês." Imediatamente Evan Roberts colocou-se de pé e, com os braços erguidos, disse-lhe: "Meu irmão, não existe segredo algum! Basta pedir e você vai receber!"[18] Não há nenhum substituto para a oração. Não existe atalho com relação à oração. John Bunyan disse certa vez: "Você poderá fazer mais do que apenas orar, depois que tiver orado; entretanto, não pode fazer mais que orar até que tenha realmente orado."

Uma Colheita sem Precedentes

Em uma década (2000-2009), o nosso ministério, Cristo para todas as Nações, fundado por Reinhard Bonnke, viu mais de 53 milhões de pessoas receberem Jesus como seu Salvador em nossas campanhas evangelísticas em massa, na África.[19] Esta incrível colheita de almas não aconteceu como resultado de um marke-ting inteligente ou de fantásticos golpes de publicidade. Pelo contrário, é o resultado de um derramamento do Espírito Santo de proporções bíblicas. Nenhum de nós jamais seria tão ingênuo de pensar que isto seja resultado de nosso próprio esforço. Sabemos que existem muitos milhares de pessoas, ao redor do mundo, que tem chorado e orado por nós e pela colheita, como Daniel Nash orava por Charles Finney, e como a Igreja orou pela libertação de Pedro da prisão.

As mesmas mãos invisíveis que abriram as correntes dos pulsos de Pedro estão abrindo as correntes enquanto estamos indo e pregando o evangelho, em obediência à Grande Comissão. Nada disso seria possível se não fosse pelas orações persistentes e contínuas do povo de Deus. Acreditamos que cada um dos fieis guerreiros de oração que têm estado ao nosso lado e nos coberto pela oração são tão importantes como aquele que prega na plataforma. Acredito que aqueles que nos cobrem em oração terão uma participação nas recompensas, porque Deus não nos recompensa de acordo com a nossa função; Ele nos recompensa de acordo com nossa fidelidade e obediência.

Pode ser que você nunca venha a pregar para milhões de pessoas, ministrar a reis e governadores, ou nunca consiga fundar um ministério evangelístico mundial. Porém, através da oração, você tem a capacidade de transformar nações. Que pensamento mara-vilhoso!

A Oração que traz o Céu à Terra

Se desejamos ver a nossa igreja, nossa cidade e nossa nação sacuditas, e os feixes da colheita recolhidos, precisamos orar! Se desejamos ver um derramamento do Espírito Santo em nosso tempo, devemos orar! Se queremos ver as cadeias que Satanás tem idealizado para que a nossa geração caia aos nossos pés, precisamos orar. Se queremos ver as portas das prisões serem abertas, como aconteceu no caso do apóstolo Pedro, e os cativos serem libertos, devemos orar! Se queremos ver a represa rachada e a glória do Senhor encher a terra, **devemos orar!**

> Não há nenhum substituto para a oração. Não existe atalho com relação à oração.

7

A Oração que Libera o Miraculoso

*A minha palavra e a minha pregação
não consistiram em linguagem
persuasiva de sabedoria,
mas em demonstração do Espírito e de poder.*

1 Coríntios 2.4

A Oração que Libera o Miraculoso

Porque Deus já rasgou o céu através do sangue de Jesus, e nos concedeu acesso a todos os Seus recursos através da oração, podemos viver e trabalhar sob um céu aberto! E por causa desta verdade, a glória de Deus é a nossa herança, como filhos de Deus que somos.

A palavra "glória" é encontrado por toda a Bíblia; ela pode ser usada em vários contextos. Encontramos um exemplo disso quando as Escrituras usam "glória" para descrever honra, riqueza e poder; seria como uma referência à "glória" de um rei ou de uma pessoa tida em alta estima. Um outro uso desta palavra é descrever a presença manifesta ou "palpável" de Deus. Se examinarmos com cuidado esta definição de "glória", descobriremos que ela pode ser usada para descrever os encontros pessoais que as pessoas têm, em que a gloriosa presença de Deus se move para fora do reino sobrenatural para dentro do reino terreno.[20] É algo

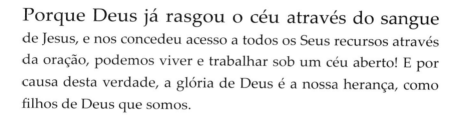

A glória de Deus é a nossa herança, como filhos de Deus que somos.

experimentado pelas pessoas ao usarem um ou mais dos seus cinco sentidos naturais: visão, audição, paladar, tato e olfato. Estaríamos, porventura, dizendo que Deus pode ser percebido dessa forma? Sim!

Ao longo das Escrituras, tanto no Antigo Testamento, quanto no Novo, encontramos exemplos de ocasiões em que as pessoas comuns sentiram Deus desta forma. Aproximadamente 2 milhões do povo de Deus viu a sua glória, com seus olhos físicos, por meio de uma coluna de nuvem durante o dia, e de uma coluna de fogo durante a noite. Isso não foi uma experiência mística, espiritual ou emocional. Essas pessoas realmente **viram** a nuvem durante o dia. Elas realmente **viram** o fogo durante a noite. As crianças que nasceram no deserto cresceram sem saber que esta revelação da glória do Senhor, manifesta de forma visível, tinha sido algo fora do comum!

Moisés viu e experimentou esse mesmo fogo santo, quando ficou diante de uma sarça ardente no deserto, em Êxodo 3.1-6. Deus falou com ele neste lugar, dizendo: *"Tira as sandálias dos pés, porque o lugar em que estas é terra santa"* (Êx 3.5). Moisés viu o fogo de Deus e experimentou algo de Sua santidade, como fez Isaías, por que a Bíblia diz: *"... pois teve medo de **olhar** para Deus"* (v.6 – NVI).

Outro exemplo da revelação da glória do Senhor ocorreu no Dia de Pentecostes. Este exemplo envolveu pessoas fisicamente

A Oração que Libera o Miraculoso

ouvindo o som da Sua glória, quando o Espírito Santo foi derramado sobre aqueles que haviam se reunido ali. Atos 2.2,3, diz o seguinte:

"De repente, veio do céu um *som* [podiam ouvir], como de um vento impetuoso, e encheu toda a casa onde estavam assentados. E *apareceram* [podiam ver], distribuídas entre eles, línguas, como de fogo, e pousou uma sobre cada um deles."

Os milagres de Jesus foram revelações da glória do Senhor, porque eram como que "invasões" celestiais que impactavam as pessoas de uma forma que elas eram capazes de vivenciar por meio de seus sentidos naturais.

Em João 2, encontramos a história do primeiro milagre de Jesus, realizado em um casamento, em Caná, onde algo terrivelmente embaraçoso para a família dos anfitriões tinha ocorrido – o vinho havia acabado! Maria, a mãe de Jesus, veio até onde estava seu Filho, pedindo que Ele, por favor, fizesse alguma coisa. Então Jesus ordenou

> Os milagres de Jesus foram revelações da glória do Senhor, porque eram como que "invasões" celestiais que impactavam as pessoas de uma forma que elas eram capazes de vivenciar por meio de seus sentidos naturais.

aos servos que pegassem seis talhas grandes, cada uma com capacidade entre 75 a 115 litros aproxmadamente, e as enchessem com água. Eles as encheram até a borda. Quando o mestre de cerimônia experimentou a água, para o seu grande espanto, ela havia se tornado em um vinho de altíssima qualidade. Este foi o primeiro milagre que Jesus realizou. João narra o acontecido da seguinte forma: *"Com este, deu Jesus princípio a seus sinais em Caná da Galiléia; **manifestou a sua glória**, e os seus discípulos creram nele"* (Jo 2.11).

O poder de Deus fluiu sobre a Terra e seis potes de água se transformaram no mais fino e requintado dos vinhos, como resultado desta intervenção celestial.

Em Atos 4, lemos sobre a intercessão da Igreja primitiva, orando por mais ousadia para pregar o evangelho e para verem poderosas demonstrações do Espírito Santo através de sinais e maravilhas. A Bíblia diz: *"Tendo eles orado, **tremeu** o lugar onde estavam reunidos; todos ficaram cheios do Espírito Santo e, com intrepidez, anunciavam a palavra de Deus"* (At 4.31) .

Quando estas pessoas que já haviam sido cheias do Espírito Santo, no dia de Pentecostes, oraram a Deus pedindo ousadia para pregarem o evangelho com coragem, a glória de Deus encheu o lugar com tal poder que até mesmo a construção física, onde estavam reunidos, tremeu! O céu invadiu aquela casa! Isso é poder!

A Oração que Libera o Miraculoso

Em Atos 5.14-16, lemos que a glória manifesta de Deus desceu sobre Pedro de uma maneira tremenda:

*"E crescia mais e mais a multidão de crentes, tanto homens como mulheres, agregados ao Senhor, a ponto de levarem os enfermos até pelas ruas e os colocarem sobre leitos e macas, para que, ao passar Pedro, ao menos a **sua sombra** se projetasse nalguns deles. Afluía também muita gente das cidades vizinhas a Jerusalém, levando doentes e atormentados de espíritos imundos,*
*e **todos eram curados**."*

É incrível pensar que é possível andar em tal medida da glória manifesta de Deus, que nenhuma doença, ou qualquer poder demoníaco, seria capaz de ficar em nossa presença mais do que uma bola de neve pode suportar a chama azul da solda de um soldador!

Vivendo o Evangelho

Por esta definição, Deus em toda a Sua glória pode mover, e realmente se move, no reino natural da existência humana onde podemos, na verdade, experimentarmos d'Ele. Acredito que as pessoas, em todos os lugares, anseiam por serem tocadas por Deus de uma forma real. Este mundo perdido e agonizante deseja ver o evangelho, experimentá-lo e ser tocado e curado pelo seu poder. As pessoas querem mais do que apenas ouvir o evangelho com seus ouvidos físicos. Aquele que ouve o evangelho deve passar por uma experiência tão tremenda que provoque a necessidade de uma explicação, e não apenas ouvir a explicação de algo que pede uma experiência!! O evangelho deve ser um encontro que transforma vidas.

> Aquele que ouve o evangelho deve passar por uma experiência tão tremenda que provoque a necessidade de uma explicação, e não apenas ouvir a explicação de algo que pede uma experiência!!

Milagres Hoje

A manifestação da glória de Deus não é algo que aconteceu apenas nos tempos bíblicos.

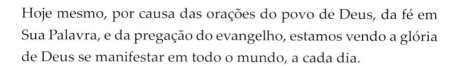

A Oração que Libera o Miraculoso

Hoje mesmo, por causa das orações do povo de Deus, da fé em Sua Palavra, e da pregação do evangelho, estamos vendo a glória de Deus se manifestar em todo o mundo, a cada dia.

Certa ocasião, em uma reunião na cidade de Kafanchan, na Nigéria, recebi uma palavra de sabedoria a respeito de alguém com a doença da AIDS. De repente, um jovem em fase terminal da doença, caiu ao chão sob o poder de Deus. Naquela noite aquele jovem recebeu um sonho de que Jesus veio até ele e lhe disse que ele estava curado. Então, no dia seguinte, ele voltou ao médico para fazer os testes novamente. Na noite seguinte, ele voltou à reunião e trouxe o atestado do médico. Eu segurei aquele papel e o li diante de uma multidão de 220.000 pessoas – HIV negativo! Ele havia recebido uma transfusão de sangue do céu. Louvado seja o Senhor!

Na cidade de Nsukka, onde mais de 425 mil pessoas se reuniram na última noite, a Sr.ª Regina Attah veio com seus três filhos: Umeka (12), Chinwendu (10), e o irmão Chukwudi (7). Estas três crianças eram completamente cegas; Umeka padecia da deficiência por oito anos, Chinwendu por dois anos, e o pequeno Chukwudi, por um ano. Durante a oração pelos enfermos, no mesmo instante as três crianças ficaram totalmente curadas!

Em Isokoland, uma moça, surda e muda por 20 anos, repentinamente conseguiu falar e ouvir claramente, depois de receber

107

oração. Seu irmão estava em pé, no meio de uma multidão de mais de duzentas e cinquenta mil pessoas, quando ouviu sua irmã falando pela primeira vez em duas décadas. Foi muito emocionante vê-lo correr por entre a multidão, em direção à plataforma, onde eles se abraçaram, choraram e se alegraram juntos.

Em Mubi, entre as 630.000 pessoas presentes na reunião daquela noite, havia uma jovem senhora que estava paralítica há mais de 20 anos. Durante a oração pelos enfermos, ela caiu ao chão e disse que um homem cercado de luz e vestindo uma roupa branca, veio até onde ela estava, e disse: "O que você quer?" Ao que ela respondeu: "Eu quero ser curada". Quando ela voltou de sua visão, descobriu que havia recuperado o uso de suas pernas – ela podia até mesmo correr!

Na cidade de Bali, uma senhora testemunhou que estava morrendo de câncer de mama; já até havia feridas abertas em seu peito, e seu lado direito estava todo paralisado. Quando recebeu a sua cura, ela sequer estava na reunião; estava deitada em sua cama, em casa. Entretanto, dali ela podia ouvir a pregação que vinha do sistema de som gigantesco que cobria toda a área com o som da mensagem do evangelho. Ela disse que me ouviu dizer: "Se você esta deitado em uma cama, levante-se agora!" Ela creu pela fé e, de repente, sentiu como se duas mãos a erguesse e a colocasse de pé. E foi aí que ela percebeu que não era mais paralítica, que as feridas em seu peito haviam secado, e que o câncer

A Oração que Libera o Miraculoso

desaparecera. Ela estava totalmente curada! Esta mulher, que antes não conseguia sequer ficar de pé, agora percorria todo o caminho por entre a multidão, no campo onde a nossa reunião ao ar livre estava acontecendo, para chegar até à plataforma e dar o seu testemunho.

Em Otukpo, em uma de nossas reuniões, um homem ficou totalmente curado, após ter vivido em total cegueira, de ambos os olhos, por mais de 80 anos!

No Rio de Janeiro, Brasil, uma senhora que já havia passado por 12 sérias cirurgias de coluna, ainda estava confinada a uma cadeira de rodas. Todavia, depois de receber oração, ela saltou da cadeira de rodas, completamente curada!

Durante uma campanha, em Sapele, recebi uma palavra de conhecimento a respeito de alguém que tinha sido ferido por um tiro e que, já havia anos, ainda não tinha se recuperado. Em resposta a essa palavra, uma senhora veio até a plataforma para compartilhar sua história. Ela havia sido baleada na perna, quatro anos antes e, desde então, tinha ficado parcialmente aleijada. Naquela noite, depois da oração, ela e eu dançamos juntos na plataforma – ela havia sido totalmente curada!

Em Ugep, uma mulher que tinha um filho totalmente louco, já havia 15 anos, decidiu levá-lo para a nossa reunião e pedir oração

VENHA O TEU REINO

por ele. Ele estava completamente louco, violento e descontro-
lado. Depois que oramos por ele, ocorreu uma incrível transformação em sua vida. Ele passou a falar com voz moderada e
já estava em seu juízo perfeito. Ele me disse que Jesus o tinha
curado. Louvado seja o Senhor!

No Estado de Taraba, na Nigéria, o governador veio ver-me,
acompanhado de sua irmã, a qual era estéril. Orei a Deus por ela,
pedindo ao Senhor que abrisse o seu ventre para que ela pudesse
engravidar. Um ano mais tarde, quando estava visitando uma
outra cidade neste mesmo estado, o governador veio ver-me,
e novamente trouxe com ele a sua irmã. Só que, desta vez, ela
estava grávida de nove meses e prestes a dar a luz. Ela deu graças
a Deus pelo milagre.

(Fotos destes testemunhos de milagres podem ser encontradas
nas páginas 141 a 184)

E eu poderia dar ainda muitos testemunhos de incríveis curas,
libertações, e milagres que acontecem **todas as noites**,em **cada
campanha**, por causa do poder do evangelho e do poder da
oração da fé. Também poderia relatar sobre um grande número
de pessoas que recebem salvação, em cada reunião. Na verdade,
alguns pastores nos disseram que aconteceram tantos milagres
durante a semana de nossa Campanha Evangelística que levou um
ano para que as igrejas conseguissem ouvir todos os testemunhos!

A Oração que Libera o Miraculoso

Ressurreto Dentre os Mortos

Um dos milagres mais incríveis que já presenciamos aconteceu na cidade de Onitsha, na Nigéria. No dia 30 de novembro de 2001, Daniel Ekechukwu e um amigo se envolveram em um terrível acidente de carro; eles baterem de frente em uma coluna de pedra. O peito de Daniel foi empurrado contra o volante e sua cabeça atravessou o para-brisa. Ele foi levado às pressas para o hospital e colocado sob cuidados intensivos; entretanto, morreu logo depois. Dr. Josse Annebunwa era o médico que estava de plantão na Clínica St. Eunice naquele dia, e que constatou a morte de Daniel. Então o corpo de Daniel foi levado para o necrotério, para ser preparado para o sepultamento. Naquela noite, sua esposa, Nneka, começou a orar e a invocar o nome do Senhor. Ela implorou a Deus e O lembrou das promessas que Ele havia dado a ela. De alguma forma ela sabia que não deveria aceitar a morte do marido. Lembrou-se da passagem de Hebreus 11.35, que diz: *"Houve mulheres que, pela ressurreição, tiveram de volta os seus mortos"* (NVI).

Três dias depois, Nneka pediu ao sogro que a deixasse levar o corpo embalsamado de seu marido para onde o Evangelista Reinhard Bonnke estava pregando. Quando eles chegaram na igreja, os pastores não sabiam o que fazer com o caixão. As autoridades locais exigiram que eles abrissem o caixão para que pudessem confirmar que era realmente um cadáver, e não uma bomba. Depois que o caixão foi examinado, os pastores decidiram permitir que ele fosse colocado no porão.

Na parte de cima, o Evangelista Bonnke estava pregando. Em baixo, no porão, a esposa e o pai de Daniel oravam, ao lado do caixão. Lentamente, disseram eles, uma mudança começou a ocorrer no corpo de Daniel e eles viram que Daniel começou a respirar, bem devagarinho, embora seu corpo ainda estivesse rijo, por causa do *rigor mortis*. Outros pastores se reuniram em torno do corpo e começaram a massageá-lo, orando e cantando louvores a Deus.

De repente, os olhos de Daniel se abriram, ele se sentou e pediu um copo de água! Eles disseram que, durante algumas semanas depois, seu corpo continuava com o cheiro do formol usado no processo de embalsamamento. Daniel levantou da morte para a vida e passou a compartilhar seu incrível testemunho em todo o mundo, para a glória de Deus. Este extraordinário milagre é exaustivamente documentado no filme intitulado *Raised from the Dead* (ressurreto dentre os mortos).[21]

Um Chamado Extraordinário

A Bíblia esta repleta de relatos de como Deus demonstrou a Sua glória em toda a história. Algumas pessoas pensam que

A Oração que Libera o Miraculoso

estes relatos são apenas histórias que têm sido passadas por razões históricas, e que servem apenas para nos entreter e nos ensinar lições alegóricas. Entretanto, elas estão erradas! Outros acreditam que essas histórias bíblicas são exemplos da grande capacidade de Deus. Porém, estes também estão errados! Estes testemunhos são apenas uma amostra do que é possível com o Senhor. Com Deus, o sobrenatural se torna natural e o impossível passa a ser possível. O cristianismo deve ser uma existência sobrenatural do começo ao fim, e a demonstração do poder de Deus deve ser a norma.

> A demonstração do poder de Deus deve ser a norma.

Certa ocasião, me fizeram a seguinte pergunta: "Qual é o seu dom ministerial?" Acredito que eles pensassem que eu iria responder: apóstolo, profeta, pastor, mestre, ou evangelista. Todavia, em vez disso, eu respondi: "Eu sou um porteiro." O maior chamado que qualquer um de nós pode ter é introduzir a presença de Deus em um mundo que precisa desesperadamente de experimentá-la. Através da oração nós temos o privilégio de anunciar a glória de Deus, trazendo o céu à terra. Isso, sim, é um chamado extraordinário!

8

Orando com Confiança

*Peça-a, porém, com fé, em nada duvidando;
pois o que duvida é semelhante à onda do mar,
impelida e agitada pelo vento.*

Tiago 1.6

Repentinamente o anjo desapareceu, e a fresca brisa da manhã trouxe frio aos braços de Pedro. De repente ele percebeu que estava acordado, e que tudo o que tinha acabado de experimentar era real. As cadeias tinham realmente caído de seus pulsos, ele realmente tinha passado despercebido pelos guardas, os enormes portões de ferro tinham sido realmente abertos e ele estava realmente livre! Sabendo que os crentes estavam orando por ele, Pedro seguiu pelas ruas vazias e foi direto para a casa de Maria, a mãe de João Marcos. Era ali o local onde a reunião de oração estava sendo realizada e ele mal podia esperar para se apresentar aos seus amigos queridos, os quais estavam diligentemente intercedendo por sua libertação.

E é aqui que a história se torna um pouco cômica; enquanto todas as outras barreiras haviam sido abertas para Pedro de forma tão livre, ele estava prestes a encontrar uma que não queria se abrir.

A Bíblia diz, em Atos 12.13, que Pedro bateu à porta e uma jovem chamada Rode veio atender. Ela olhou pela fresta, e perguntou: "Quem esta aí?" Pedro disse: "Sou eu, Rode... Acabei de ser libertado da prisão. Abra a porta e me deixa entrar." Rode ficou tão feliz de ouvir a voz de Pedro que não conseguiu nem abrir a porta. Então ela correu de volta para a sala onde a reunião de oração estava em pleno andamento. Alguns estavam de joelhos, outros choravam, e ainda outros estavam travando uma guerra nos lugares celestiais pela libertação de Pedro.

> Existe uma porta que pode sempre se colocar em nosso caminho e nos impedir de receber o nosso milagre. É a porta de incredulidade.

Rode, então, interrompeu a reunião de oração com um comunicado urgente: "Ei, pessoal! Pedro esta là fora, na porta." A reação deles foi de incredulidade. "Você esta louca, Rode? Não sabe que Pedro esta na prisão? Ele esta preso entre dois guardas, atrás de dois pelotões de soldados, e de um portão de ferro maciço. Pedro não pode estar na porta. Agora venha para cá e vamos continuar a oração!"

Não sei quanto tempo demorou essa conversa, mas a Bíblia nos diz que enquanto essa discussão estava acontecendo, Pedro continuava à porta, batendo.

Olhem só que ironia! Todas as portas se abriram para Pedro, exceto a porta da casa onde os crentes estavam orando para que as portas se abrissem para ele. Isso ilustra um ponto muito importante. Deus nos deu as chaves do reino. Ele nos fez o porteiro. O que nós ligarmos no céu é ligado na terra... o que desligarmos no céu, será desligado na terra. Temos o poder e a autoridade para abrir todas as portas. Não há poder na terra que possa se colocar contra nós, e as próprias portas do inferno não prevalecerão contra nós. Entretanto, existe uma porta que pode sempre se colocar em nosso caminho e nos impedir de receber o nosso milagre. É **a porta de incredulidade.**

Assim, muitas vezes a resposta às nossas orações está em nossa própria varanda, mas perdemos a oportunidade de receber a bênção porque não acreditamos que Deus tinha realmente ouvido e nos atendido. Os crentes estavam orando por Pedro mas, aparentemente, não acreditavam que Deus iria respondê-los. Pior do que não orar é orar sem a expectativa de que vai receber.

> Pior do que não orar é orar sem a expectativa de que vai receber.

Infelizmente, muitas pessoas enxergam a oração como sendo meramente um exercício religioso que satisfaça necessidade de Deus de falar com alguém. É uma espécie de dever religioso, como pagar uma conta que temos. Quando oram, elas se sentem melhor sobre si mesmas; quando não oram, sentem-se culpadas.

Parece que pensam que Deus mantém um cronômetro e registra os minutos que passam com Ele, semelhante à maneira como um relógio de ponto controla os trabalhadores que estão trabalhando para, depois, receberem o cheque de pagamento.

Jesus rejeitou essa mentalidade a respeito da oração, quando disse: *"E, orando, não useis de vãs repetições, como os gentios; porque presumem que pelo seu muito falar serão ouvidos. Não vos assemelheis, pois, a eles; porque Deus, o vosso Pai, sabe o de que tendes necessidade, antes que lho peçais"* (Mt 6.7,8).

Portanto, se fazer longas orações, cheias de muitas palavras, não é a chave para recebermos as respostas, então, o que é? A resposta é simples – a **fé**!

O Verdadeiro Inimigo – A Incredulidade

Em Mateus 17, lemos que um homem que tinha um filho endemoninhado veio até os discípulos de Jesus buscando ajuda; todavia, eles não puderam expulsar os espíritos malignos daquele jovem. Então, eles perguntaram qual a razão de não terem conseguido, e Jesus lhes respondeu, dizendo: *"Por causa da pequenez da vossa fé"* (v.20). Esta é uma explicação muito clara e precisa que Jesus reforçou, dizendo: *"Pois em verdade vos digo que, se tiverdes fé como um grão de mostarda, direis a este monte: Passa daqui para acolá, e ele passará. Nada vos será impossível"* (v.20). A simplicidade e a clareza desta declaração muitas vezes é ofuscada pela confusão que fazemos com as palavras ditas por Jesus a seguir: *"[Mas esta casta não se expele senão por meio de oração e jejum]"* (v.21).

É quase como se Jesus estivesse se contradizendo. Quando Lhe perguntaram por que os discípulos não tinham sido capazes de expulsar o demônio, Ele disse que era por causa da incredulidade deles; entretanto, agora Ele parece estar dizendo que é porque eles não tinham jejuado e orado o bastante. Qual das duas razões é a correta? A confusão surge porque não entendemos a moral da história.

À primeira vista, pode parecer que o demônio é o foco principal desse relato; entretanto, um olhar mais atento revelará que o antagonista, na verdade, não é o demônio, mas o espírito de incredulidade. Os discípulos estavam preocupados com o demônio

> Jesus sabia que quando vencemos a incredulidade, expulsar demônios se torna algo simples.

dentro do garoto, mas Jesus estava preocupado com a incredulidade dentro de Seus discípulos. O questionamento dos discípulos era a respeito de expulsar demônios, mas a resposta de Jesus foi sobre a expulsão da dúvida.

Afinal de contas, Jesus sabia que quando vencemos a incredulidade, expulsar demônios se torna algo simples.

Algumas vezes temos de orar bastante e também jejuar muitos dias antes de alcançarmos a vitória; todavia, na maioria das vezes não são os nossos apelos que irão coagir Deus a fazer alguma coisa, forçando o Seu braço por meio do nosso muito falar. Também não é porque temos, finalmente, adquirido a resposta às nossas orações depositando horas suficientes de crédito em nossa conta bancária espiritual.

Pode ser necessário muito jejum e oração para nos ajudar a obter a vitória sobre a nossa própria obstinada carne, e expulsar o espírito de incredulidade que impede que o poder de Deus flua através de nós. É **esse tipo de descrença** que sai "por meio da oração e jejum." De qualquer maneira que você entender isso, a fé é a chave para a oração poderosa. É isso o que Jesus quis mostrar nesta história.

Expulsando a Incredulidade

Em Mateus 9.25, quando a filha de Jairo já havia morrido, Jesus teve de mandar todos saírem do quarto antes que Ele a ressuscitasse de entre os mortos. Por que Ele não permitir que todos aqueles céticos desprezíveis vissem o milagre com seus próprios olhos? Porque Ele tinha de expulsar a incredulidade.

Pedro fez a mesma coisa em Atos 9.40: *"Mas Pedro, tendo feito sair a todos, pondo-se de joelhos, orou; e, voltando-se para o corpo, disse: Tabita, levanta-te! Ela abriu os olhos e, vendo a Pedro, sentou-se."* Jesus ensinou uma lição a seus discípulos: expulse o espírito de incredulidade e nada será capaz de prevalecer contra você; demônios, morte, e até mesmo as montanhas mais imponentes obedecerão ao seu comando.

Espere Para Receber

Em Atos, no capítulo 3, lemos uma história incrível sobre um homem coxo que estava no lugar certo, na hora certa.

"Pedro e João subiram ao templo para a oração da hora nova. Era levado um homem, coxo de nascença, o qual punham diariamente à porta do templo chamada Formosa, para pedir esmola aos que entravam. Vendo ele a Pedro e João, que iam entrar no templo, implorava que lhe dessem uma esmola. Pedro, fitando-o, juntamente com João, disse: Olha para nós. Ele os olhava atentamente, esperando

receber alguma coisa. Pedro, porém, lhe disse: Não possuo
nem prata nem ouro, mas o que tenho, isso te dou: em
nome de Jesus Cristo, o Nazareno, anda! E, tomando-o
pela mão direita, o levantou; imediatamente, os seus pés e
tornozelos se firmaram; de um salto se pôs em pé, passou a
andar e entrou com eles no templo, saltando e louvando a
Deus."

(At 3.1-8)

Existem algumas coisas nesta passagem que me chamam a atenção. A primeira é que ela diz, no versículo 3, que este homem coxo **viu** Pedro e João, que iam entrando no templo, e **pediu** esmola. Entretanto, no versículo 4, Pedro ordena-lhe: *"Olha para nós."* E foi só depois que o versículo 5 diz: *"Ele os olhava atentamente, **esperando** receber alguma coisa."*

O coxo tinha visto Pedro e João, mas ele não estava prestando atenção neles. Ele pediu algo, mas não estava realmente esperando receber nada. Alguma vez você já se aproximou do Senhor dessa maneira? Já orou por algo que não tinha expectativa de que fosse acontecer? Era este tipo de oração que estavam fazendo na casa de Maria. Embora eles estivessem orando pela libertação de Pedro, eles não acreditavam que isso iria acontecer – mesmo quando o próprio Pedro estava de pé, na porta! E mesmo que

Orando com Confiança

Deus já tivesse ouvido suas orações e estivesse disposto e pronto a fazer o que eles pediram, a própria incredulidade deles havia bloqueado a resposta.

Sem fé, a nossa oração pode até mesmo ser pecado, pois Romanos 14.23 diz que *"tudo o que não provém de fé é pecado"*. Antes que Pedro e João pudessem liberar o poder curador de Deus para o corpo daquele homem coxo, eles tinham de levá-lo a mudar a sua postura para uma postura de fé e esperança. É por isso que o Senhor nos diz hoje, através da Sua Palavra: "Olha para mim! Preste atenção no que estou dizendo! Quando você me pedir alguma coisa, creia que vai receber e espere!"

Tiago 1.6-8, diz: *"Peça-a, porém, com fé, em nada duvidando; pois o que duvida é semelhante à onda do mar, impelida e agitada pelo vento. Não suponha esse homem que alcançará do Senhor alguma coisa; homem de ânimo dobre, inconstante em todos os seus caminhos."*

Um Clima de Expectativa

Em nossas grandes reuniões evangelísticas na África, as pessoas comparecem com um alto nível de fome espiritual, e com uma enorme expectativa de ver o poder miraculoso de Deus. Eles ouviram os testemunhos de tudo o que Deus fez pelos outros, e acreditam firmemente que o Senhor irá fazer o mesmo por elas. Estas pessoas sabem que Deus vai mostrar o Seu poder e glória nesses grandes encontros e, por isso, chegam ali com uma enorme expectativa de que elas serão o alvo dessas bênçãos.

É esta atitude que verdadeiramente atrai o miraculoso e faz com que o raio da glória de Deus seja liberado. Essas pessoas não vêm até nós na esperança de que é a vontade de Deus revelar-Se – elas já sabem que é! E por que já sabem disso, oram com o coração cheio de confiança e ousada expectativa. Quando Deus ouve esse tipo de oração e vê esse tipo de ação sendo demonstrada pelas pessoas desesperadamente famintas, Ele revela Seu tremendo poder das formas mais fenomenais possíveis.

> Orar com fé e esperança sempre atrairá a presença e o poder de Deus, da mesma forma que a ausência desses elementos-chave irá repelir a presença e o poder d'Ele.

Orar com fé e esperança sempre atrairá a presença e o poder de Deus, da mesma forma que a ausência desses elementos-chave irá repelir a presença e o poder d'Ele. Existe uma correlação direta entre o nível de crença e expectativa no coração das pessoas e a medida da revelação da glória do Senhor. Quando o povo de Deus ora com a firme convicção de que é a vontade d'Ele responder as suas orações e revelar a Sua glória, a expectativa da glória divina traz a Sua manifestação na vida de cada um.

Traga o Seu Guarda-Chuva

Muitos anos atrás, uma região do Meio-Oeste americano foi seriamente atingida pela seca. Havia ali uma pequena cidade, totalmente dependente da agricultura, cuja colheita estava morrendo nos campos, por causa da falta de chuva. Então os moradores decidiram dedicar um dia de oração e jejum, no qual todos os habitantes da região viriam de suas fazendas para se reunirem, pedindo a Deus para enviar chuva.

Naquela manhã, uma menina de cinco anos veio à igreja, junto com seus pais, para orar. Alguns ficaram admirados ao ver que essa menina trazia consigo um guarda-chuva, e lhe perguntaram por quê. Ela então respondeu que, como eles estavam ali para orar por chuva, não queria chegar em casa molhada, quando fosse hora de voltar.

De repente, uma grande convicção tocou fundo no coração daquelas pessoas, e elas entenderam que, apesar de estarem ali para pedirem a Deus por chuva, apenas aquela garotinha cria, verdadeiramente, que alguma coisa iria mudar! Em lágrimas eles se arrependeram de sua incredulidade, e começaram a orar acreditando realmente que suas orações iriam mudar a situaçãos.

Por volta das quatro horas daquela tarde, as nuvens começaram a se formar no céu e, à noite, uma chuva mansa começou a cair em toda a região. Os céus estavam literalmente abertos para essas pessoas. E esta chuva mansa durou por três dias e três noites. E não somente a colheita foi salva, como eles acabaram tendo uma das maiores safras que já tinham visto! Todo mundo se lembrou de que fora a menina que havia vindo para a oração, trazendo o seu guarda-chuva, que tinha mudado o coração de todo o povo daquele lugar. O coração deles, que antes estava vinculado apenas à religiosidade ligada a uma postura de incredulidade, havia mudado para um coração cheio de esperança de que Deus, de fato, ouve e age.

Devemos acreditar e esperar as melhores bênçãos de Deus, sempre que orarmos!

9

Pregação e Oração – Uma Parceria Feita no Céu

*"Porque, assim como o corpo
sem espírito é morto,
assim também a fé sem obras é morta."*

Tiago 2.26

Pregação e Oração – Uma Parceria Feita no Céu

Dentro da casa de Maria, a reunião de oração havia chegado a um impasse e estava havendo uma acalorada discussão ali. Alguns diziam que Pedro tinha sido liberto, outros que era apenas uma aparição, em pé, na porta. Porém, durante todo esse tempo, Pedro continuava na porta, batendo e esperando que alguém visse recebê-lo.

Depois de todo o jejum e oração que fizeram, ainda havia algo que aqueles fieis intercessores precisavam fazer antes que pudessem receber o milagre que tão ardentemente desejavam. Eles tiveram de se levantar de onde estavam ajoelhados e ir atender a porta. Esta é uma ilustração poderosa que nos mostra que, enquanto a oração é necessária, mesmo sendo poderosa, não é suficiente.

> A oração precisa ser acompanhada de ação, assim como uma arma precisa estar carregada com balas.

131

VENHA O TEU REINO

A oração precisa ser acompanhada de ação, assim como uma arma precisa estar carregada com balas. Tiago fez esta ligação quando disse: *"A fé sem obras é morta"* (Tg 2.26). Jesus disse aos discípulos para que orassem pedindo trabalhadores para serem enviados a realizar a colheita. Depois, virou-se para estes mesmos homens, e disse: *"Ide por todo o mundo e pregai o evangelho"* (Mc 16.15). Os próprios discípulos tinham se tornado a resposta às suas orações!

O Evangelista Reinhard Bonnke costuma fazer a seguinte pergunta: Se todo cristão se trancasse no quarto, em oração, 24 horas por dia, 7 dias por semana, 365 dias por ano, e não fizesse nada a não ser orar pela salvação do mundo, o que será que aconteceria? A resposta é... nada. Nada vai acontecer até que alguém se levante na reunião de oração e sai pelas estradas e atalhos dizendo ao pecador que Jesus salva!

> Como uma pessoa pode dizer que tem intimidade com Deus e não sentir nenhum peso pelos perdidos?

Se você pudesse se aproximar o suficiente de Deus e colocar a sua cabeça em Seu peito para ouvir as batidas do Seu coração, você ouviria o seguinte som: "Sal-va-ção, Sal-va-ção, Sal-va-ção." Deus ama tanto o mundo que enviou o Seu Filho unigênito, o qual pagou o mais alto preço

A Oração que Libera o Miraculoso

pela nossa salvação. Poderia haver alguma explicação mais apaixonada desse profundo desejo de Deus? Como uma pessoa pode dizer que tem intimidade com Deus e não sentir nenhum peso pelos perdidos? E como uma pessoa pode dizer que carrega o peso pelas almas perdidas e não fazer nada para alcançá-las? A conclusão é bastante simples: Os intercessores verdadeiros são também verdadeiros ganhadores de almas.

Todavia, o pêndulo oscila nas duas direções. Qualquer ministério que não nasça da intimidade é uma farsa. Deus não esta olhando para as mãos de empregados – Ele esta à procura de filhos e filhas. Se a oração é a perna direita, a pregação do evangelho é a perna esquerda. Uma sem a outra produz uma Igreja aleijada. E já que Deus nos deu ambas, não há necessidade de andarmos por aí mancando. Quando temos estes dois "ingredientes", então podemos marchar até os portões do inferno.

> Todo intercessor também deve ser um ganhador de almas, e que cada ganhador de alma também deve ser um intercessor.

É assombroso que em alguns círculos exista rivalidade entre os que são chamados para orar e os que são chamados para pregar. Aqueles que se sentem especialmente vocacionados para orar, muitas vezes pensam que todos os demais deveriam ser como eles – orar por horas, todos os dias, e jejuar constantemente.

Por outro lado, aqueles com um dom especial para evangelizar, acham que todos deveriam ficar nas esquinas das ruas, de pé, com a Bíblia e megafone nas mãos. Porém, ambos estão errados. Embora seja verdade que todo intercessor também deve ser um ganhador de almas, e que cada ganhador de alma também deve ser um intercessor, Deus concede dons diferentes para pessoas diferentes, e precisamos uns dos outros. Na verdade, é absolutamente imperativo que os evangelistas e intercessores trabalhem juntos, se desejamos facilitar esta grande colheita de almas do fim dos tempos, em nossa geração.

Como mencionei anteriormente, em um período de apenas 10 anos uma espantosa multidão de 53 milhões de pessoas recebeu Jesus Cristo como seu Salvador durante as reuniões evangelísticas de massa, realizadas pelo nosso ministério, Cristo para todas as Nações. No entanto, acredito que os dias da maior colheita ainda estão à nossa frente! Alguém disse, certa vez: "A oportunidade de uma vida deve ser aproveitada durante a vida útil dessa oportunidade." Para podermos aproveitar o momento que Deus deu para a nossa geração, vai exigir uma aliança estratégica e divina entre os ganhadores de almas e os intercessores, os quais se unirão em torno da prioridade de Jesus — buscar e salvar aqueles que estão perdidos.

Eu creio, com todo o meu coração, que o maior mover de Deus na história do mundo esta em frente de nossa casa, de pé, batendo na porta. E, juntos, iremos atendê-la, por causa do Calvário.

Notas

1. John Wesley (1703-1791) é o homem que Deus usou para tornar realidade o que hoje é chamado de Primeiro Grande Despertar, na Inglaterra. Ele era um teólogo anglicano e é o pai do Metodismo; ficou conhecido por enfatizar a doutrina da Santificação e Perfeição Cristã. Wesley considerava que, nesta vida, os cristãos poderiam chegar a um estado no qual o amor de Deus, ou o amor perfeito, reinaria soberano em seus corações. Durante o seu ministério, viajou cerca de 403 mil quilômetros a cavalo, pregando o evangelho. Estima-se que tenha pregado mais de 50 mil sermões. Já no final de sua vida, John Wesley era um homem grandemente respeitado, e conhecido como "o homem mais amado na Inglaterra".

2. Adoniram Judson Jr. (1788-1850) foi um dos primeiros missionários batistas americanos e ficou conhecido como o primeiro missionário para a Birmânia, onde serviu ao Senhor por quase 40 anos. (Na realidade, ele foi precedido por outros missionários, mas eles não ficaram ali muito tempo e seus trabalhos não foram tão significativos.) O trabalho missionário de Judson levou à criação da primeira associação batista na América. Ele inspirou muitos americanos a tornarem-se missionários ou a apoiá-los no minis-

tério. E foi através desse apoio que ele conseguiu traduzir a Bíblia para o birmanês e estabelecer várias igrejas batistas na Birmânia.

3. David Brainerd (20 de abril de 1718 – 09 de outubro de 1747) foi um missionário americano entre os índios nativos americanos. Sua vida curta, cheia de provações e dificuldades, produziu frutos duradouros entre as tribos onde ele ministrava. A biografia de Brainerd, intitulada *A Vida de David Brainerd*, foi publicada em 1749, por Jonathan Edwards, e a história de sua vida e ministério tem inspirado inúmeros outros missionários ao longo das gerações que vieram depois dele. Brainerd é considerado parte de uma influente classe de missionários que se destacaram na história como pioneiros e desbravadores do movimento missionário moderno.

4. John Hyde, "O Homem que Orava" (1865-1912) foi um missionário americano que serviu ao Senhor na Índia. Seu pai também estava no ministério, e orava tanto em sua igreja, como em sua casa, para que o Senhor enviasse trabalhadores para a seara; e o próprio John se tornou uma resposta a essa oração. Os cidadãos indianos o chamavam de "o homem que nunca dorme", por causa de seus longos períodos de oração, razão por que ele ganhou o nome de "Hyde, o homem que orava". Ele ajudou a levar centenas de almas para Cristo, na Índia, e até hoje ainda se pode sentir a influência de suas orações e do seu ministério em todo o continente. Embora sendo ainda jovem, em seus qua-

renta anos, a saúde de John Hyde começou a enfraquecer, como resultado de seu exaustivo trabalho. Os médicos lhe disseram que, a menos que ele descansasse, a morte seria o resultado mais certo. Todavia, ele persistiu na pregação e na oração até que foi forçado a retornar para a América, em 1911. Ao passar pelo País de Gales, fez amizade com G. Campbell Morgan que, mais tarde, disse que havia aprendido com "o homem que orava", o que é a verdadeira oração. Suas últimas palavras foram, "Proclamem a vitória de Jesus Cristo!"

5.   Bits & Pieces, 28 de maio de 1992, p. 15

6.   Milner-White, Eric. "A Procession of Passion Prayers" (Uma procissão de orações apaixonadas), Londres: Oxford University Press, 1941, p. 23

7.   Vine, W.E. "Vine's complete Expository Dictionary of Old and New Testament Words" (Completo dicionário expositivo de Vine, de palavras do Antigo Testamento e do Novo), Nashville: Thomas Nelson Publishing, 1996, p. 406.

8.   Um ano-luz é a distância que a luz percorre (aproximadamente 300 mil quilômetros por segundo) em um ano; ou seja, aproximadamente 9.5 quatrilhões de quilômetros.

9.   Esta informação científica foi verificada pelo Dr. Richard Tresch Fien-berg, assessor de imprensa e coordenador de educação e extensão da American Astronomical Society.

10. Ludwig A. Kolenda (1859-1923) é o bisavô de Daniel Kolenda, autor deste livro. Ele era um fazendeiro bem-sucedido e pastoreou uma igreja em sua casa, na Alemanha, até que foi convidado a mudar-se para o Brasil, aos 43 anos, para ser missionário entre os colonos alemães de lá. Em 1902 ele voltou para os Estados Unidos com a sua família, para começar um trabalho de implantação de igrejas. Ali, ele recebeu o batismo com o Espírito Santo, quando o reavivamento pentecostal varreu os EUA, no início dos aos de 1900. Durante todo o tempo de seu ministério como missionário e pastor, ele sustentou a sua família por meio da agricultura.

11. John P. Kolenda (1899-1984) é irmão de Ludwig A. Kolenda, bisavô de Daniel Kolenda. John era filho de um missionário luterano e implantador de igrejas. Depois que um de seus irmãos vivenciou a experiência do batismo com o Espírito Santo, em uma reunião de Amy McPherson, e voltou para casa, para contar à igreja que se reunia em sua casa sobre esse grande derramar do Espírito, John também foi batizado no Espírito Santo. Depois disso, ele sentiu-se chamado para voltar para os lugares onde seu pai tinha estabelecido igrejas, no Brasil e na Alemanha. Além de pastorear igrejas em Michigan, John fundou escolas bíblicas na Alemanha e no Brasil, as quais estão funcionando até os dias de hoje. Entre muitas pessoas espalhadas pelo mundo, ele ainda é carinhosamente lembrado como o "Opa".

12. John P. Kolenda. "Vater geht aufs Ganze", (Leuchter-Verlag GmbH, 6106 Erzhausen), p. 75

13. Vine, W.E. "Vine's complete Expository Dictionary of Old and New Testament Words (Completo dicionário expositivo de Vine, de palavras do Antigo Testamento e do Novo), Nashville: Thomas Nelson Publishing, 1996, p. 523.

14. Betzalel, Israel B. "Teaching Messiah from the Torah" (Ensinando sobre o Messias através da Torá", *The Jerusalem Concil* (O concílio de Jerusalém), 2010. www.jerusalemcouncil.org/articles/ commentaries.

15. Tradução vigente em hebraico é "tripper", ou "suplantador", que são palavras melhor relacionadas com "enganador". A história de sua vida começa em Gênesis 25. Tenney, Merrill C. "The Zondervan Pictorial Bible Dictionary", (Grand Rapids: Zondervan Publishing, 1963), p. 398.

16. Shiver, John D., "Gloria Revival", (Columbus: TEC Publications, 2007), p. 28.

17. McClymond, Michael, "The Encyclopedia of Religious Revivals in America –Volume 1" (A Enciclopédia dos avivamentos religiosos na América, Vol. 1), (Westport: Greenwood Press, 2007), p. 169.

18. A partir de um relato não publicado do Avivamento Galês, citado por Arthur Wallis, em "In the Day of Thy Power" (No dia do Seu poder), p. 112.

19. A CfaN contou e registrou todos os cartões de decisão preenchidos em suas reuniões desde o ano de 1987. Somente na última década (entre os anos 2000-2009) houve 53 milhões de decisões por Cristo, registradas, em todo o mundo.

20. Vine, W.E. "Vine's complete Expository Dictionary of Old and New Testament Words" (Completo dicionário expositivo de Vine, de palavras do Antigo Testamento e do Novo), Nashville: Thomas Nelson Publishing, 1996, p. 267.

21. DVD *"Raised from the Dead"* (ressuscitado dentre os mortos), ©2001 CfaN - Christ for all Nations, Orlando - USA.

FIM

Evangelista Daniel Kolenda e Reinhard Bonnke em Otukpo, no ano de 2009 na Nigéria.

O relatório do seu médico confirma o milagre: não mais HIV positivo, mas sim HIV negativo!

O irmão abraça sua irmã depois que ela foi milagrosamente curada.

O câncer a paralisava – até que Jesus a curou!

Uma mãe louva a Deus pela sanidade de seu filho, milagrosamente restaurado.

Jesus a curou de um ferimento de bala.

Uma jovem mulher aleijada por cerca de 20 anos fica muito feliz por sua cura.

Três crianças cegas de uma mesma mãe são simultaneamente curadas e passam a enxergar!

Um homem foi totalmente curado depois de ter sido cego por mais de 80 anos!

Mesmo depois de doze cirurgias nas costas, esta mulher ainda ficou confinada em uma cadeira de rodas.... até receber um milagre de Jesus!

Ressuscitado dentre os mortos! Nneka abraça seu marido, depois de ter sido milagrosamente trazido de volta a vida.

"A colheita é grande, mas os trabalhadores são poucos. Portanto, peçam ao Senhor da colheita que mande trabalhadores para sua colheita".
Lucas 10:2 (NVI)

Mubi, Nigéria

Ayangba, Nigéria

Ogbomosho, Nigéria

Kanfanchan, Nigéria

Ogbomosho, Nigéria

Lomé, Nigéria

Ugep, Nigéria

Ondo, Nigéria

Mbuji Mayi, Zaire

Yola, Nigéria

Yola, Nigéria

Owo, Nigéria

Ayangba, Nigéria

Ogbomosho, Nigéria

Otukpo, Nigéria

Agbani, Nigéria

Para mais informações sobre a CfaN – Christ for all Nations,
o Ministerio do Evangelista Daniel Kolenda e Reinhard Bonnke, favor acessar:

www.cfan.org

Estados Unidos
Christ for all Nations
P.O. Box 590588
Orlando, Florida 32859-0588
U.S.A.

América Latina
Christ for all Nations
Caixa Postal 21518
Curitiba – PR
CEP 80420-982
Brasil

África do Sul
Christ for all Nations
P O Box 50015
West Beach, 7449
África do Sul

Canadá
Christ for all Nations
P.O. Box 25057
London, Ontário N6C 6A8
Canadá

Europa
Christus fur alle Nationen
Postfach 60 05 74
60335 Frankfurt am Main
Alemanha

Reino Unido
Christ for all Nations
250 Coombs Road
Halesowen
West Midlands, B62 8AA
Reino Unido

Ásia
Christ for all Nations Asia/Pacific
Singapore Post Centre Post Office
P.O. Box 418
Cingapura 914014

Austrália
Christ for all Nations
Locked Bag 50
Burleigh Town
Queensland 4220
Austrália